北京华景时代文化传媒有限公司 出品

零压力时间管理法

去创造属于你的“第25小时”

［日］池田千惠 著　　黄亚 译

图书在版编目（CIP）数据

零压力时间管理法：去创造属于你的“第 25 小时”/（日）池田千惠著；黄亚译. -- 北京：北京联合出版公司，2025. 10. -- ISBN 978-7-5596-8536-0

Ⅰ. C935-49

中国国家版本馆 CIP 数据核字第 2025TH2040 号

北京市版权局著作权合同登记 图字：01-2024-4754 号

ME TIME 自分を後回しにしない「私時間」のつくり方

ME TIME JIBUN WO ATOMAWASHI NI SHINAI “WATASHIJIKAN” NO TUKURIKATA

Original Japanese edition published by Discover 21, Inc., Tokyo, Japan

Simplified Chinese edition published by arrangement with Discover 21, Inc. through Chengdu Teenyo Culture Communication Co.,Ltd.

零压力时间管理法：去创造属于你的“第 25 小时”

作　　者：［日］池田千惠

译　　者：黄　亚

出 品 人：赵红仕

责任编辑：管　文

封面设计：仙　境

责任编审：赵　娜

北京联合出版公司出版

（北京市西城区德外大街 83 号楼 9 层 100088）

北京华景时代文化传媒有限公司发行

北京文昌阁彩色印刷有限责任公司印刷　　新华书店经销

字数 134 千字　　880 毫米 ×1230 毫米　　1/32　　7.75 印张

2025 年 10 月第 1 版　　2025 年 10 月第 1 次印刷

ISBN 978-7-5596-8536-0

定价：49.80 元

序言

帮你从繁忙中解脱出来的终极时间管理法

“你现在努力做的事情，真的是你想做的事情吗？”

阅读本书，希望你能从无关紧要的事情中抽身，获得真正属于自己的时间 Me Time，尽情地做自己喜欢的事情。

读完这本书，你将能够按照自己的标准，把时间用在真正想做的事情上，并且学会高效地处理其他事务。最终，你将创造出自己的 Me Time，享受其中的乐趣。

如果你现在正被“必须做”“不得不做”的事情逼迫得焦头烂额，或者因为休息而感到内疚，那么你不妨好好思考一下自己的时间安排。

这本书，特别推荐给有以下烦恼的朋友：

· 实行线上办公后，工作和私人生活的界限变得模糊，完全没有喘息的时间。

· 各种关于时间管理的书都从头到尾读完了，但是没办法落地和实践。

· 灵活运用时间管理书籍中的技巧，做了更多的事情，但却越发忙碌，始终无法享受自由时光。

· 难以忍受毫无意义的事情，比如可有可无的会议，自己想要做出改变，但是忙得根本没有时间思考如何改变。

· 每天因为工作和家务疲于奔命，度过眼下这一天都已经耗尽了心力，根本没有精力去思考未来。

· 总是感觉焦虑不安，仿佛永远在赶时间。

需要说明的是，**这本书并没有告诉大家如何快速、高效地工作和节约时间**。如果您想了解如何快速完成任务，或者提高处理事情的能力，书店里有很多优秀作家的关于时间管理和提升工作技能的书籍，建议您阅读那些图书。

书中的 Me Time ，是仅属于自己的时间，为自己所花的时间，“我时间”的意思。它作为一种口语表达，用来描述一个人独自放松的专属时间，这需要与单纯指代个人时间的 My Time 加以区分。

本书将根据早上、晚上、白天各自的特点，为读者介绍如何打造和巧妙利用 Me Time 。（为什么不是早上、白天、晚上的顺序呢？后文中将会做说明。）

首先，请允许我做个简单的自我介绍。

我是一名“早起教育指导师”，多年来一直致力于推广“早起计划”：通过写书、分享手账使用技巧以及提供咨询服务，为许多人提供晨间生活指导，并帮他们养成早起的习惯。2009 年出版了第一本书《清晨 4 点起床，凡事无往不利》，该书很荣幸成了畅销书、长销书。此外，自 13 年前开始制作帮助人们早起的晨间生活专用手账《早上手账》以来，我一直担任其制作人。同时，我还创建了晨间生活社群“晨间工作坊”。

通过以上一系列活动，现在我也被不少人称为“早起计划第一人”，但是我认为，把早起型和熬夜型区分开来也有不妥。

我的公司叫“早上 6 点股份有限公司”。每次交换名片时，总会听到这样的打趣：“不好意思啊，我是个夜猫子。”“虽然我也很想早起，但是这也太难了……”很多会议都是从这种调侃开始的，而我也渐渐感觉到，我的公司的存在本身好像已经给熬夜型人士造成了某种压力。

目前已经有研究结果表明，一个人属于熬夜型还是早起型是由基因决定的，因此我的本意并不是强迫熬夜型人士养成早起的习惯。我想传递给大家的信息是“早起只是实现个人目标的一种方式”，“不必拘泥于时间，任何时候都可以进行晨间生活”，希望无论是熬夜型人士还是早起型人士都能找到适用的方法。遗憾的是，由于我的能力有限，没能让大家理解真正的用意。

我曾认为无论发生什么事情，无论处于什么状态，都必须亲自实践。由于我发起了“早上 4 点起床”的活动，有那么一段时间，为了能够 4 点起床，我甚至牺牲了睡眠时间，一旦没有 4 点起床就会十分自责。我也曾困惑，自己在时间利用上是否出现了本末倒置的情况。

特别是在怀孕、生产、育儿期间，受激素分泌以及孩子夜间哭闹的影响而无法入睡；孩子突然高烧，所有的计划被打乱……这些客观且不可控的因素导致早睡早起的节奏被彻底破坏。我也一度感到迷茫，早起本是改变人生、让我焕然一新的好事，有时却成了束缚自己的“魔咒”。

我经常听到“晨间工作坊”会员的一些分享：自己很想早起，但是因为工作或家庭等原因无法早早入睡，最后只能靠压缩睡眠时间来实现早起……

从我的亲身经历以及会员的分享中，我意识到在实践晨间生活的过程中，存在各种不可控因素，容易受到多方限制（而且还有很多确实无法解决）。我渐渐明白，比起传授给大家早睡早起的方法，保证早上的时间得到更加有效的利用更为重要。因此，我们要先明确把时间花在什么事情上，再聊时间分配这个话题。

从这些经验出发，“晨间工作坊”不再仅仅针对晨间生活展开讨论，而是引导大家**分析自己的时间分配，进行取舍，专注地追求内心的向往**。通过这个调整，我们的会员获得了一些显著的变化。具体来说，他们不仅养成了晨间生活的习惯，还取得了以下成果：

- 在媒体上首次亮相（《日经 Woman》、集英社《Marisol》、《日经 STYLE》、集英社《eclat》）。
- 一次性通过公司内部晋升考试。
- 与公司协商，实现绩效报酬制和年收入增加。
- 即使在疫情期间，也成功跳槽到条件更好的公司。
- 维持现有工作，确保每月增加 3 万日元的收入。
- 维持现有工作，开始独立运营个人事业。

· 担任公司职员的同时，开始从事作家和研讨会讲师的工作。

为什么一些计划很难按照自己的预期推进？如何挤出自己的时间？怎样让时间安排更加合理？我自己也在不断试错。在持续收集想要早起的人可能会遇到的问题时，我意识到，**要想最大限度地发挥晨间生活的优势，从而改变人生，仅仅改变早上的时间分配是不够的，还需要改变的是对每天 24 小时这个时间概念的认知**。

这本书是我个人经历诸多波折，并且持续为许多人提供关于时间管理的咨询之后，总结出的成果。所以，这本书不仅关乎早上的时间管理，还适用于所有的时间管理，是我们人生中所有可使用时间的管理方法的总结。

希望你能掌握这些方法，获得属于自己的时间，尽情享受自己的人生！

早上 6 点股份有限公司董事长　池田千惠

目录

早上 Me Time 的获取方式

3
Chapter

晚上 Me Time 的获取方式

白天 Me Time 的获取方式

5
Chapter

使用手账获取 Me Time 的方法

前言

找回属于自己的时间

“快速”“高效”的陷阱是更加忙碌

经常听到这样一句话，“把工作交给忙碌的人”。越是优秀，就越会被委派更多的工作。因为不管怎样，他们都能按时完成，所以工作量不断增加……

对于承受这些的人来说，虽然工作上有成就感，但心理上的负担也会随之不断增加。

现在能在线完成的工作增多了，一开始我以为出差减少之后，时间自然能变得更加宽裕。但现实恰恰相反。以往出差需要花时间往返，一天只能安排一个目的地；如今旅途时间被释放，会议却越来越多，反而比以前更忙碌了。之前出差时，还能在当地悠闲地逛逛，但现在完全没有这种闲暇了。更有甚者，国内和国外的会议连轴开，有时大脑根本切换不过来。

过去，自由职业者可以居家办公，主妇主夫们也能在伴侣上班之后专心做家务；如今社会环境改变，以往的生活节奏或多或少受到影响，难以适应者不在少数。

一个人状态比较好的时候，能够积极地将忙碌和变化看作“积累经验的好机会”，但凡事都有限度。

当忙碌的生活和变化超出自己的承受范围，向周围的人求助时，如果有人伸出援手，也还能勉强继续坚持；但如果总是想着所有事情都自己一个人默默扛过去，事情不顺利就自责，认为一定是自己的能力有问题，这样过度勉强的结果就是掏空了自己，身心状态都受到影响，这就得不偿失了。

没有时间，什么也做不了。怎么做才能争取到更多的时间呢？

当陷入困境时，许多人往往会寻找或努力尝试一些方法，比如如何高效完成工作，如何同时处理多项任务，或者在别人睡觉的时候抢先一步，完成比别人更多的工作。

当然，这种劲头是非常值得肯定的，事实上短期内也能在一定程度上提高工作效率。

但是，当你想尽办法安排好时间，想着“完成这项工作就有自己的时间了”，却在拼命忙完眼下的工作之后，发现等待自己的竟然是更多忙不完的工作……你难道不为这种恶性循环感到震惊吗？

现在，对于我们来说，最紧要的事情是知道自己想把有限的时间花在哪里，未来我们想投入时间做什么。

虽然我们每天都在感慨“一天 24 小时根本不够用”，但是谁也不能让一天的时间增加到 24 小时以上。认识到这点，我们就应该明白，努力的方向不是将 24 小时变成 48 小时，而是如何在这仅有的 24 小时里，慎重地将时间花在重要的事情上，放弃无意义的事情，认真思考如何使用宝贵的时间，认真面对自己的内心。

在本书中，我主要想帮助大家解决的问题是，从“该做的事情”里腾出时间，把这部分时间切实地用在内心喜欢、真正想做的事情上。

“那可能吗？”你可能会发出这样的疑问，但是我肯定地告诉你：可以！

不用绞尽脑汁地去想办法挤时间，你也能充分感觉到时间的充裕。并且，这些时间都仅仅用在你自己身上，你所感受到的充实感会比现在更强烈。

如果能够真正掌握本书中的方法，确保 Me Time，相信你能够从忙碌的迷雾中找到方向，能够明确地分辨出，什么是自己应该花时间去做的事情，什么事情根本不值得花费时间。这样一来，你将收获比以往更多的自由时间。

只要总是优先考虑对方，时间就会永远不够用

越是认真努力的人，越会想尽办法把时间利用起来（有时甚至缩短自己的睡眠时间）。

我的会员当中，很多人有这样的烦恼：“一天 24 小时根本不够用。”“我要是有分身术就好了！”还有许多加入晨间生活行列的人认为，只要自己努力早起，时间就够用了……

苦于时间不足，最终决定开展晨间生活的朋友当中，绝大多数是为他人着想、心地善良的人。即使在操持家务、育儿以及全职工作等多重事务中忙得不可开交，他们也渴望为自己挤出一些时间。虽然白天可能很难做到，但他们觉得早上应该能够拥有属于自己的时间……

也就是说，他们总是优先考虑他人，总是把时间花在他人的事情上，然后用“剩下的时间”做自己的事情。想要增加一些自己的时间，就只能想到晨间活动这一种改善方式。

但是，如果你总是抱有这种用“剩下的时间”做自己的事情的想法，无论多少时间都是不够用的。因为，你只有“剩下的时间”。

所以，**要不要试着从根源上转变你的想法，先确保拥有充足的 Me Time 去做自己的事情，再把剩下的时间花在他人的事情上呢？**也就是说，时间的分配顺序，必须把“自己”放在第一位。

如果不做出这样的改变，你真正想做的事情就会不知不觉地从你的计划里消失。

突然有了一些自己的时间，虽然觉得很开心，但是不知道如何度过，最后这些时间在无所事事中不知不觉地溜走了……你有过这样的体验吗？

每逢暑假这种长假期，你或许想过“我要尝试做很多事情”，结果却什么大事也没做成，假期结束的时候感觉怅然若失。

出现这样的情况，很有可能是因为你把时间优先花在他人的事情上，已经不知道自己究竟想做什么了。

如果清楚自己真正想做的事，一旦有了时间，肯定会毫不犹豫地去做，所以不会有多余的时间。

当对对方抱有不满情绪，产生“我都这样帮你了”的想法时，你要高度注意了。之所以出现这样的情绪，是因为又把时间花在他人的事情上了，要提醒自己把时间使用原则调整为“自己优先”。

忙碌的生活中，获得自己的时间的关键在于**“优先考虑自己的时间，为他人花的时间往后排”。**

一直以来，始终努力为他人着想的你，不用担心会受到惩罚。因为你把时间用在自己身上是天经地义的，没有犯任何错误。

我们可支配的时间不是24小时

习惯把时间优先分配给他人，除了善良这个品质以外，还有一个非常重要的因素就是错误预估了自己能够自由支配的时间。

“没时间”，换句话说，就是自己所能支配的时间和自己想做的事情所需的时间之间有一道难以跨越的鸿沟。

自认为能支配的时间和真正属于自己的时间，往往存在差距。如果没有正确理解现实情况，自然无法找到“没时间”的根源，不可能“对症下药”。所以，找到这个差距是非常关键的。

我们总是在想“怎样才能充分利用一天的24小时”。但实际上我们能够利用的时间是24小时中刨除睡眠时间后的剩余时间。如果你的睡眠时间是7小时，就要从24小时中减去7小时，你应该考虑的是：在这17小时里你想做什么，能做什么。此外，这17小时里还要刨除日常活动和工作的时间。其实，你能够花在自己身上的时间非常有限（参考下图）。

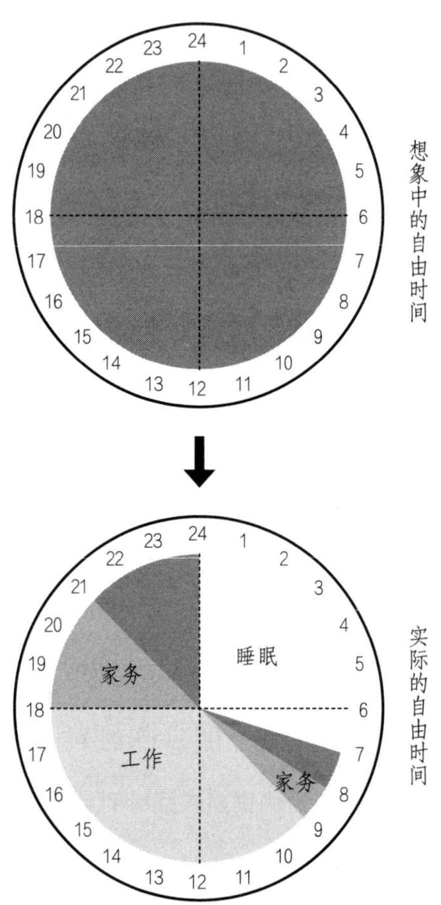

工作中的时间分配，也是同样的道理。刨除处理私事和休息的时间，通常所说的 8 — 9 个小时的工作时间并不能完全用于工作。

举个例子，比如要求一个月后提交一份资料。人们往往会在前 20 天左右想："时间还很充裕，最后 10 天赶一赶就行。"但实际上我们能够使用的时间并不是 30 天，而是刨除休息日后的 20 天左右。而且，我们手上不只这一项工作，可能还会有一些突发的、棘手的工作需要处理。

此外，即使我们抽出时间来做这件事情，还有可能情绪不佳、状态不饱满、精力分散，考虑到这些因素，用时可能会较长，实际上能够利用起来的时间就更加有限了。

而且，如果对时间的预估出现了失误，就可能匆匆忙忙地赶进度，出现一些低级错误，后期弥补起来会花费更多的时间。

如果用 24 小时、30 天这样的时间尺度，不精准地规划自己的时间，结果往往不尽如人意。所以，为了避免对时间的误判，从一开始就要把握住"自己真正能够利用的时间"。

我们要摒弃"时间是无限的，就像海绵里的水，挤一挤总会有的"的幻想。时间本就是相当稀缺的资源，正因为它稀缺，我们更要认真思考如何才能让其发挥更大的作用。

只有做到这些，才能切实确保 Me Time ，**在有限的时间里，去做自己发自内心想做的事情。**

碎片化时间容易溜走

决定把时间花在哪里，在什么事情上绝不花时间，做到有选择地集中精力——你可能会觉得“这是说的什么废话”。

那么，为什么这些大家都明白的、理所当然的事情，却很难做好呢？说到底，是因为时间看不见摸不着，很难做出客观的判断。

虽然我们通过钟表把看不见的时间变得可视化，但是钟表所显示的时间，并不都是我们能够自由支配的时间。正如前文的图片所示，除去睡眠、工作和做家务的时间，一整天当中，我们能够随心所欲地使用的时间少得可怜。

最近听说，人们会用“**时间融化了**”这样的说法来消极地表达时间在不知不觉中流逝的情况。它确实非常形象地表达出了“感觉自己什么都没做，时间像冰一样融化，最终什么都没有留下”的意思。

如果是一块大冰块，由于它的体积大，所以不会很快融化，但是我们拥有的是有限的碎冰（时间）。就像小冰块会很快融化一样，我们有限的时间很容易溜走。

接下来就要进入正文了，在这之前先给大家介绍一下本书的核心内容——**“SEE 法”**。

“SEE 法”是拥有 Me Time 至关重要的环节。第一章会做一些心理上的铺垫，第二章开始会围绕这个方法，给大家详细讲解 Me Time 。

实现 Me Time 的“SEE 法”

所谓“**SEE 法**”，是指通过直观地审视有限的时间，有选择地利用时间，从而过上理想生活的方法。正如下文方框中描述的，将看不见摸不着的时间可视化，重新评估，创造自己的 Me Time 。

“SEE 法”就是对时间进行整理。通过下面的步骤，重新审视时间，任何人都可以创造 Me Time 。

Step 1：Show ——时间可视化

Step 2：Edit ——整理时间

Step 3：Enjoy ——享受时间

»Step 1 : Show«

时间可视化

将不知不觉中流逝的时间可视化，增强对时间的感知。

进行改变时，把握了现状就成功了 90% 。我们认真思考一下，现在留给自己的时间还有多少？理想中的自己是什么样的？

具体来说，就是审视自己目前真实的时间使用情况，把握现状。首先，将时间使用情况展示出来，像观察他人一样去观察它。当我们真实地看待时间时，就能清晰地发现自己的思维习惯，以及时间使用上哪些地方出现了问题。

“可视化”的阶段就是把时间可视化、审视它的一个过程，这个阶段的主要目的就是让你自省——自己的时间是否用在了该做的事情上，有没有勉强自己做不喜欢的事，是否有可以放弃的事，有没有无所事事地虚度光阴。

要像观察他人一样，从稍微拉开距离的视角去真实地看待时间，这里非常重要的技巧是将大脑里混乱的情况真实全面地呈现出来，最后才能“从所有的事项中进行甄选”。

首先，将自己手头的事情，以及让自己感到混乱的事情全部可视化。这和整理房间是同样的道理，先弄清楚自己有多少东西，然后扔掉不需要的，以确保有足够的空间来收纳有用的物品。时间的整理需要先厘清自己有多少不得不做的事、想做的事，评估这些事情是否都能装进时间这个“箱子”里。

其次，这个阶段不需要对时间的使用情况进行评价，比如“这样使用时间，也太差劲了”。“可视化”的阶段只需要将时间使用情况呈现出来，以客观的态度进行审视。

》Step 2 : Edit《

整理时间

在这个阶段，我们要整理时间，进行时间的筛选。

以喜好和舒适为标准，为时间的使用划分轻重缓急，集中精力在应该做的事情上，该放手的就放手。这个阶段是最为重要的。这个过程中要完全屏蔽外界对你的影响，不要想着“之前有人说过”，或是“虽然不太想做，但是大家都是这样成功的”。请彻底抛弃这样的想法，这个阶段是完全遵从内心的过程。

把自己当成自己的人生总编，将“可视化”的过程中呈现出来的所有事情进行归纳整理。

这个阶段的关键是，分辨接下来要做的事情是“**have to = 不得不做**”的事情，还是“**want = 想要做**”的事情。

以“不得不做”和“想要做”为主轴，确定大方向和最需要花时间去做的事情，明确对时间的分配。

想自由地使用自己的时间，结果却做不到的人，往往是比较会为他人着想的人。他们对“放弃”“舍弃”“放手”等词语可能会有一些抵触情绪。把这个过程看作“对时间的整理”，就不会有“放弃”带来的罪恶感和失落感了。扔掉某件物品时，你可能多少会有些不习惯或不便，但是对于时间并不会出现这样的情况。可以尝试着做一些调整，即使一开始方法不对，也可以重新对时间进行整理。

你是自己的人生总编。就像编辑季刊一样，每三个月结合心境和社会环境变化，彻底改变一下，也别有一番乐趣。

»Step 3 : Enjoy«

享受时间

尽情享受整理后的时间，随心去体会。

经历了“可视化”和“整理”的阶段，筛选出属于你的时间，应该不会再有类似“要是那样就麻烦了”的对未来的不安，以及像“早知道那时候那样做就好了”的对过去的懊悔。充分感知、尽情享受自己选定的“非做此事不可”的时光吧。

通过时间管理法的实践，确保 Me Time ，就不会再为过去和未来所困，真正享受当下的时间。

一旦掌握了“可视化”→“整理”→“享受”的实操方法，即使人生阶段发生变化，你也能应对自如；与时俱进，把时间的使用方式调整到理想状态。“SEE 法”应该能够让你受益一生。

对时间的重新审视，也是对自己的生活方式的反思。

无论过去经历了多少痛苦，如今多么困顿，我们都被平等地给予了现在。这平等的时光，你想怎么度过？作为自己的人生总编，你打算怎么创作？只有着眼于当下，才能让你真正发生改变。

这次介绍的方法，简单易行，无须花费任何金钱，而且立刻就能开始，越实践越熟练。

本书的结构可以这样理解：“可视化”和“整理”是获得 Me Time 的方法，“享受”是更加快乐地使用 Me Time 的方法。

让我们愉快地进入本书的具体内容吧。

欢迎来到这个通过改变时间管理方式而开拓的新世界。

Chapter 1

享受 Me Time 的基本心态

“现在做了比较好”难道不是骗局？

埋头完成眼前的事，空下来的时间也不知不觉被“虽然不急，但还是现在做了比较好”的事情填满，最后倦怠不堪，根本没有得到放松……你有过这样的经历吗？

提前去做那些“现在做了比较好”的事情，确实很重要，但果真是“现在做了比较好”吗？与此相比，难道不是享受当下更重要吗？这个问题确实令人困惑不已。

越是责任感强的人，为了缓解对未来的不安，越容易将休息和放松的时间往后推，提前推进各种事情。但越是这样，就越难拥有自己的时间。

如果每天都过得非常匆忙，就会疲于应对接连不断的工作和突发情况，心里想的就只有赶快把眼前的事情处理好。这样下去，你根本不会思考这件事是“真的想做的事”，还是“自己认为（被他人灌输认为）想做的事”，不知不觉地把时间浪费在一些没必要做的事、根本不想做的事、现在做不做都无所谓的事情上。如果这样的做法成为习惯，即使休息的时候你也会一直想着工作和未来的事情，无法让自己得到真正的放松。

当你一直忙碌以至于无法判断事情的优先顺序，难得的假期里还思绪万千，心不在焉地想着其他事情时，请尽快停下来。如果你无法判断事情的轻重缓急，全都一股脑儿地去做，就会导致紧急的事情不断堆积，最后把自己逼到无路可退的崩溃边缘。

道理都懂，我也理解类似“就是因为太忙，所以没有办法停下来啊”“有那时间，我想先处理眼前的事情”的心情。

那么，接下来给你介绍一些在这种情况下能够立刻使用的方法，帮你分辨出“这到底是不是现在必须要做的事情”。

明确“不得不做”和“想要做”

多年的研究结果表明，很多人感觉一直被事情追着走，觉得时间不够用，大多可以归因为不会合理地安排事情的优先顺序。

这也重要，那也重要，感觉每件事情都重要，难以进行权重分配，把所有事情都揽在身上。最终，要么无法按时完成，要么每件事情都半途而废。即使工作上取得了一些成绩，但个人生活却可能变得一团糟。之所以出现这样的情况，很大程度上是因为你陷入了眼前纷杂的事务中，模糊了个人认为的“好”和他人、常识中的“好”之间的界限。

分清自己的标准和他人的标准，巧妙地确定属于你的优先顺序是非常重要的。

因此，让我们从今天开始养成这样的习惯吧：**对于平日所做的每**

一件事，先判断这到底是“不得不做”还是“想要做”。

- **考虑到未来，认为不得不做的事情 = have to 。**
- **发自内心想做的事情 = want 。**

如果一味地优先做“不得不做”的事情，总想着“这件事完成了就去做‘想要做’的事情”，那么无论多久，“想要做”的事情都只会是一个想法，难以提上日程。有时，因为各种客观因素，很难把“想要做”的事情放在第一顺位，这种情况完全能够理解。**但是，无论多么忙碌，都要保证做“想要做”的事情的时间。**

要想有所改变，第一步就是把握现状，明确时间分配的详情：自己把时间花在哪些事情上了？这些事情是自己想做的，还是为了迎合他人的期待和完成别人的请求而不得已做的？

“不得不做”和“想要做”，由你做主：充分发挥你的主观能动性

一定要明确地区分“对我来说重要的事情”（想做的事情）和“他人认为重要的事情”（做了会更好、不做会很麻烦、不做可能会降低别人对自己的评价等的事情）。这个区分和判断不用和任何人说，你可以放心大胆地遵从自己的内心去做判断。

接下来，我们来举例说明一下，如何判断一件事情是“不得不做”还是“想要做”。

“让地板焕然一新的过程，超级舒服！开心！心情超级棒！”“打扫的过程中能够做到心无杂念，就像是做了一次深度冥想，很享受这个过程。”如果你是这样想的，那么这就是“我想打扫”。

如果因为平时非常忙碌，来不及打扫卫生，只是想着“房间太乱了，影响心情，所以想收拾一下”，其实从心底来说你是不愿意特地腾出时间来打扫卫生的。直白地说，这不是“想打扫”，而是“不得不打扫”。

不要把这种微妙的差异笼统地用“想……”来表达，要在心里有一个明确的判断，这到底是你想做还是不得不做的事情。

在对每一件事情分类的时候，请忽略外界的评价，也不要从道德制高点上评判自己的选择。“连自己家里的卫生都打扫不好的人，大家会觉得这个人怎么样呢？不就是废柴嘛。”请将这种想法抛之脑后，明确你自己的想法就好。

不要总去在意别人会有什么样的看法，多问问自己到底是怎么想的。

怎么知道自己的想法呢？就是通过“不得不做”和“想要做”的区分来实现。

当然，现实生活中并不是不喜欢的事情都不用做，也有很多事情是即便不太情愿，但也必须要做的。

其实对于很多事情，我们有非常明确的态度，如果就是“不喜欢”，那我们可以选择更有效率的方式去处理。比如，灵活地借用外部资源，或者是采用其他的方法来完成。让我们一起来看看应该怎么做吧。

“喜欢整洁的环境，但是真的不喜欢打扫卫生，有时间的话，我会查询一下有什么方法能够轻松地将屋子收拾干净，或者干脆拜托别人全权负责。”如果你能这样直面自己的内心，就会花时间去寻找轻松地整理房间的方法。根据情况还可以请保洁，或者不需要自己去考虑，直接请家人帮忙处理，这样打扫房间的时间就能转化为Me Time了。

在这里用常见的打扫卫生举了例子，但是现实生活中，还有很多事情是在“不得不做”和“想要做”中间摇摆的。

受到诸如“百岁时代”“养老金2000万日元问题”“企业解除副业限制”等新闻标题，以及“上班族没有未来”“这个行业将在十年后消失”等盛行言论的影响，有些人难免会产生前途堪忧的焦虑，开始着手做一些副业或跳槽的准备。“这个行业前景不妙”“现在的公司没有活力”“没有副业收入，未来没有保障”，如果是基于以上想法决定跳槽或者准备开展副业的话，可以归为“不得不做”。

如果你喜欢现在的工作，就不要在意周围的人说什么，也不要被新闻媒体的报道左右，堂堂正正地做好自己的工作就好。把你的时间和精力完全投入工作中，在工作中崭露头角，你自然能在这个领域中成为不可多得的人才，跳槽和开展副业对你来说就是水到渠成的事情。所以，没必要勉强自己在现阶段花心思考虑副业。

为将来做准备，现在不学习，以后的日子不好过……这种理由下的“想做”，就属于“不得不做”。而且，你的思考当中还包含着对未来感到迷茫的焦虑。直白地说，这并不是你发自内心想做的事情。

即使计划把时间和精力用在这些事情上，但由于没有迫在眉睫的压力，或者觉得麻烦，往往会拖延，最后不了了之。

所以，一切应该从明确、找准你的“想要做”开始，找到你会满怀期待去做，绝对不会拖延的事情。

分辨“不得不做”和“想要做”的方法【初级篇】

》》搞清楚“为什么”《《

每天都忙忙碌碌，你内心真实的声音往往会被忽略。

针对这种情况，给大家介绍一个简单的小技巧来快速分辨“不得不做”和“想要做”。

· 在笔记本的左边写下“想做的事情”，工作和生活中的都可以。

· 在“想做的事情”的右边写下想做的原因。

· 原因是积极的，则为“想要做”；原因是消极的，就属于“不得不做”。

想做的事情	为什么?
找到合适的副业	担心被裁员
通过节食瘦10斤	想美美地穿上喜欢的裙子
搬到海边居住	在海边工作,感觉会很快乐
早起准备资格考试	如果保持现状,不会涨薪

正如上表所示，让我们一项一项来看。“为什么”就是加粗显示的部分。

找到合适的副业!

——担心被裁员

通过节食瘦 10 斤!

——想美美地穿上喜欢的裙子

搬到海边居住!

——在海边工作，感觉会很快乐

早起准备资格考试！

——如果保持现状，不会涨薪

以上举例，我们可以这样来分析：

找到合适的副业！早起准备资格考试！

——避免负面结果（“不得不做”）

通过节食瘦 10 斤！搬到海边居住！

——发自内心想做（“想要做”）

通过一个“为什么”来审视内心的真实想法，找到自己真正想做的事情。

》》通过“不得不做”和“想要做”来分辨是否要追求效率《《

话虽如此，偏向“不得不做”的“想要做”，也不能完全忽视吧！也许有些人通过我刚才介绍的方法，发现自己的生活几乎完全被“不得不做”占据，而“想要做”的部分占比不到 10%，甚至为零，从而感到震惊。

当然，很多人认为，自己没有远大的理想和抱负，只想踏踏实实地生活，必须要把“不得不做”的事情勤勤恳恳地做好。毕竟有些事情，只有在时间允许的情况下提前做准备，才能确保顺利完成。

人生在世，难免遇到一些不得不做的事情，甚至有时候还需要做出某种程度上的妥协。

如果你意识到自己现在做的事情属于“不得不做”，就会萌生出让真正愿意做这件事的人来做的想法（如果存在便捷的工具，可以借助工具来完成），或者考虑花钱请人做。即使是必须亲自做的事情，也可以想想如何提高效率，尽快完成，从而挤出时间用于真正想做的事情。

节省时间的技巧应该用在“不得不做”的事情上。

并不是所有事情都要追求高效，也不是所有事情都适合用高效方法和小妙招。为了能够区分哪些是应该高效完成的事情，建议你养成遵从内心，分辨“不得不做”和“想要做”的习惯。

刚才的例子中提到了“找到合适的副业”，原因是“担心被裁员”，但在找到合适的副业之前，其实有一件事情更重要。为了避免被裁员，你真正应该做的事情是在现在的工作中做出成绩并获得认可，找到能让自己充满干劲的事情，以及真正想做的事情。这样一来，接下来应该怎么做就很清晰了。

》》必须推进的“不得不做”该如何应对？《《

在“不得不做”的事情中，有一些是关乎未来必须要做的。虽然心里明白这是必须做的事情，但是还是感到不情不愿，会不自觉地拖延到最后……这种时候，可以想象一下，如果这件事情成功，之后会带来哪些好处，就会变得很有干劲。

通过想象目标实现后的美好图景，而非始终抱着惶惶不安的心情，更容易将事情变成“想要做”。

举个例子，假设你的情况是：“作为工作中的一环，必须通过某个资格考试，为此必须想办法抽出时间来学习。”

“不学习不行！”即使你抱有这样的想法，也很容易被眼前的快乐所吸引，应该做的事情自然被拖延了。因此，不妨细想一下通过考试的好处，将“不得不做”转化为“想要做”。

“学习”“通过考试”虽然都是“不得不做”，但是与之相关的以下内容，或许就是“想要做”的部分了。

- 看到努力的成果，非常开心。
- 希望涨薪。
- 主宰自己的生活，自由地工作。
- 在今后的副业中也能派上用场。

这样转变想法，虽然眼前的学习很辛苦，但是瞄准跨越这段艰辛时光后的收获，你便能发现很多潜藏在背后的“想要做”的因素。

分辨“不得不做”和“想要做”的方法【中级篇】

》看到积极的变化《

再给大家介绍一个区分“不得不做”和“想要做”的方法。

如下页图，用纵轴表示“不得不做”到“想要做”的变化，用横轴表示积极的变化量，思考一下你要做的事情分别属于哪个象限。

这样，就能清晰地看到自己“不得不做”和“想要做”的事情应该如何分出轻重缓急了。

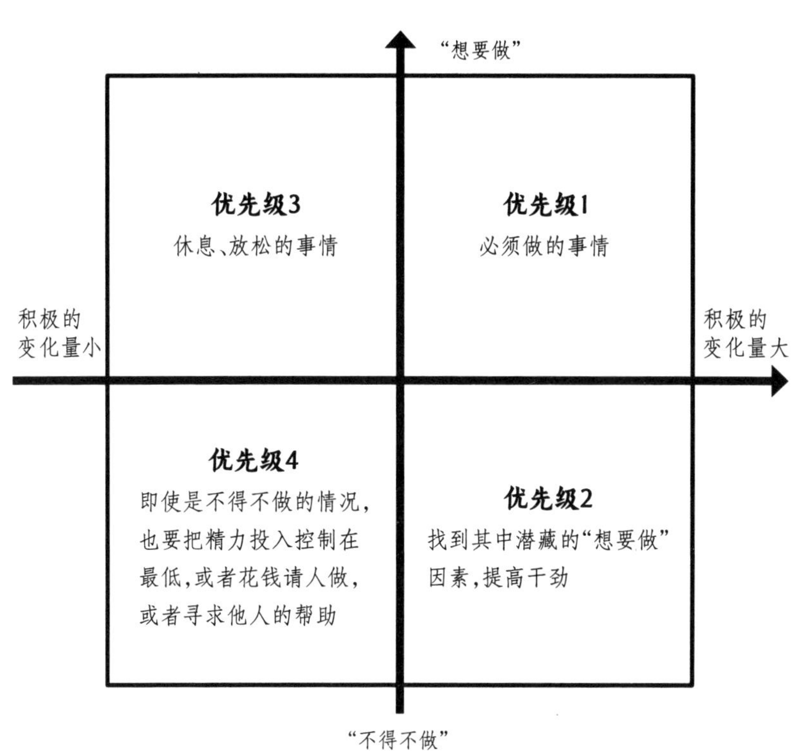

确定“不得不做”和“想要做”的优先级的四象限图

【优先级 1】接近“想要做”且积极变化量大

对自己至关重要的事情，必须保留。

【优先级 2】接近“不得不做”且积极变化量大

虽然是不得不做的事情，但是完成之后积极影响大，所以要看到“不得不做”背后的对未来有益的“想要做”因素。

（例：和涨薪相关的资格考试——想象加薪后的幸福）

【优先级 3】接近“想要做”但积极变化量小

兴趣、休息和放松的事情。

【优先级 4】接近“不得不做”且积极变化量小

这些事情是不得不做的，但是带来的积极影响很小，如果可以不做就果断从列表里删除。如果确实不得不做，就把投入的精力降到最少，考虑花钱请人做或者寻求他人的帮助。

比如，自己对一件事情的兴致很高，而且从结果来看也非常有益，自己认为是“绝对要做的事情”，那么这件事情在四象限中就属于接近“想要做”且有很大积极影响的优先级 1 的内容。

相反，完成之后积极影响虽然较大，但是更偏向于不得不做的任务，那这类事项就属于优先级 2 的事情。

工作、学习、生活习惯……把你在意的“不得不做”和“想要做”放入这个四象限图，看看它们都属于哪个象限吧。

这样一来，以后做事情的先后顺序就能简单地确定下来。

》总是拖延的事情，细化颗粒度《

我相信很多人都有这样的经历，因为一直很忙而无暇顾及一件事情，眼看就到截止日期，火烧眉毛了，还会做一些平时根本不做的事情来逃避现实，比如打扫卫生、做饭或整理邮件。

为什么会不由自主地逃避呢？很大程度上是因为不清楚应该从哪里下手，不知道怎么去做。因为没有做出整体的规划，所以一直把事情往后拖。需要多少时间也只有大概的估计，等到临近截止时间，才发现时间根本不够用。

为了避免后期因为时间不够而焦虑、神经紧张、心里不踏实，要尽早明确工作节奏。为了便于工作的开展，要提前把需要做的工作进行细致的任务分解，然后按照任务清单去做就可以了，这样整件事情就会变得明朗起来。

我把这个过程称为**“细化颗粒度”**。通过对工作的细化，能够避免前期因为不耐烦而一味拖延，到最后又焦虑不安的情况。

接下来，我们通过一个实例，来看一下如何分解、细化任务。

“今天必须开始准备工作所需的资格考试了！”

首先，列出从开始学习到考试期间需要完成的所有事项。

① 收集考试的相关资料

② 是报班还是自学

③ 搜索推荐教材和历年考题

④ 购买教材和历年考题

⑤ 阅读教材，了解考试内容

⑥ 总结教材的要点

⑦ 背诵重点内容

⑧ 反复练习历年考题

⑨ 参加模拟考试

接下来，需要分章节学习教材和历年考题。

① 教材第 1 章

② 教材第 2 章

③ 教材第 3 章

……

① 第 1 章考题

② 第 2 章考题

③ 第 3 章考题

……

这样分解之后，就能清楚地知道，学习过程包含了“收集资料”“阅读教材”“背诵”和“做练习题”4 部分内容，“阅读教材”“背诵”和“做练习题”又可以按照教材、练习题的章节进行颗粒度的划分（可以参考下面的图示）。

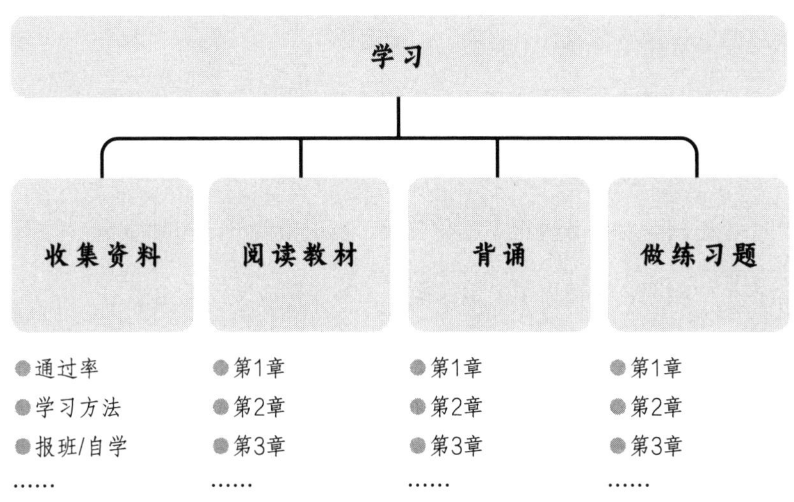

顺便提一下，准备资格考试时，信息的收集非常重要。

总之，在购买热门教材、习题册进行学习之前，要先花时间去了解考试的基本信息。比如考试日期、通过率、考试时长、考试形式（选择题还是主观题）、考题数量、合格的判定标准等。

这样的方式，开始虽然比较烦琐，但通过细化颗粒度，能够清晰地掌握整体的情况。

明确整体情况后，目前的进度是否能够保证按时完成，哪个部分大概需要多长时间也能大致掌握，整个备考过程的时间安排也能够明确。通过这样清晰的分解，你也不会产生“感觉自己很忙，但是回头想一想，好像事情没什么进展”的徒劳感。

此外，通过这种方式还能计算完成度，能清晰地了解成功或失败的原因。

也正因为对任务进行了细化分解，所以只要开始一项事情，就不会产生“明明花费精力了，但好像什么都没做成”的无力感。

“从所有事情里面选择”，释放大脑“内存”

之所以会焦虑时间不够，一方面是因为没有厘清“不得不做”和“想要做”的区别，另一方面是因为大脑的“内存”被占满，原本可以放弃的事情，却始终未被“删除”。**大脑的“内存”爆满时，就会因疲劳而无法思考。**

电脑的内存爆满时，运行速度就会变慢，大脑更是如此。所以必须认真清理脑内存储，将“内存”逐渐释放出来。

那些因时间管理而焦虑，每天思考如何才能挤出更多时间的人，是积极向上且富有进取心的。我把这类人亲切地称为“**什么都要人群**”。

这本书主要想告诉大家，要放弃“这个也要，那个也要”全部塞进有限的 24 小时里的念头。但是对于“什么都要人群”来说，他们在潜意识里可能会认为“不做 = 放弃”。明明加把劲可以做更多的事情，却不逼自己一把，总有一种输给自己的感觉——不知道你是否也有同感。

需要明确一点，**不做并不一定意味着放弃。**

不做并不是“放弃”，而是“更加慎重地选择了自己真心想做的事情”，要舍弃“可能做了比较好吧”这种稀里糊涂去做的事情，真正顺应内心的想法去做真正想做的事情。

这样一想，对于不做某事的抗拒是不是稍微减少一些了呢？

对于“什么都要人群”来说，一开始就不要刻意想着“放手”“放弃”“舍弃”的事情，这样反而能更顺畅地拥有自己的时间。

把大脑中所有的事情列出来，包括“想做的”“担心忘记的”“犹犹豫豫，不知该如何是好”的事情，试着从里面选择出“应该做”和“想做”的事情。这就是我说的**“从所有事情里面选择”。**

如果将这种做法形成习惯，就能释放大脑的“内存”，从而顺利地安排自己的时间，也更容易判断什么事情可以放弃，什么事情必须要做。

举例来说，**把今天想推进的事情全部写在笔记本或者手账上**，使用笔记本和手账是为了不占用大脑宝贵的“内存”。

当然也可以使用手机的记事 App，但是一旦拿起手机，难免会被别的事情分心，大脑的精力就分散到其他的事情上面了。

如果你有钢铁般的意志，能够做到拿起手机只是记录任务事项，那么使用手机也没有问题。但我还是认为笔记本和手账更容易上手。

需要列举出来的事情不局限于今天一天的任务，而是所有出现在你脑海里的事情。其实这些事情或多或少会给你造成心理压力，因为你时刻担心自己会不会忘记、能否完成它们。

把所有的任务都列出来之后，接下来就是选出“不做就睡不着”的事情。

然后，放弃剩下的任务。

这样筛选下来，你就会明白，“不做”某件事情并不是“放弃”，而是“慎重选择了自己想做的事情”。

坚持这样的选择过程，决定哪些事“不做”就会变得越来越容易，进而可以认真地、全身心地来完成甄选出来的任务。

打破工作和生活的界限

》保持工作模式和生活模式之间的松散连接《

随着“工作度假”（Workation）的增加、居家办公和办公室办公的混合模式的普及，人们的工作和生活的界限越来越模糊，所以感觉时间越来越少。

居家办公，很难把握好工作节奏，虽然知道这项工作必须要做，但还是难免变得懈怠；明明知道应该提前完成，但忍不住在网上冲浪，最后把工作拖到不能再拖……这种情况很常见吧。由于居家办公时谁也看不到自己在干什么，如果不表现出“在上班”的状态，可能会被认为是在偷懒，从而影响别人对自己的评价……这种焦虑也时有发生。另外，为了应对孩子身体不适等突发情况，有的人会把所有的事情都提前做完，即使还有充裕的时间，也会提前开展工作，结果导致工作过度……这种情况也经常听到。

因为存在以上问题，所以很多人认为应该把工作和生活进行明确的区分。我倒是觉得，**工作和生活恰恰是需要同时考虑的。**为什么呢？因为未来，工作和生活的界限越来越模糊是必然趋势。

疫情之前，上班在某种程度上，可以说是促使人们形成自己生活节奏的强制力。比如，几点起床，赶几点的地铁，到公司后喝杯咖啡、确认邮件……这一系列有节奏的工作状态，正是因为有上班这个规定性的行为才得以维持。

但是，居家办公时，我们就失去了能够带来固定节奏感的外部力量。**形成自己的节奏这件事，变得比以往任何时候都更加重要。**

把脑海中的想法全部写出来时，不用区分工作和生活，按照你想到的顺序，一股脑儿地写出来就行。

为什么不需要做区分呢？因为当你开始进行“这是工作，这是生活”的分类的时候，就已经开始占用大脑“内存”了，甚至需要停下笔触，以至于没有办法完全写出脑海中的事情了。

此外，当你的脑海里都是“不想上班”“周一让人无语”等想法时，你会觉得所有事情都是“不得不做”，根本没有时间做自己想做的事情，会因此苛责自己。但是写下来看一看，**你会发现工作当中也隐藏着“想要做”因素。**比如看到顾客的笑脸自己也觉得开心，或者通过努力提高了销售业绩而感到有成就感。

这种发自内心的愉悦，也正是因为把工作和生活一起列举出来，才察觉到的。

而且，当你明白工作中也有“想要做”因素，就会想办法把“想要做”的部分最大化。

》从经营者和自由工作者身上学习把工作和生活结合起来的技巧《

出于工作原因，我与经营者和自由工作者接触的机会比较多，他们有一个共同的特点就是“工作和生活不会完全分割”。休息日在公园里陪孩子玩耍时，或吃早饭时，他们会看看最近的热门新闻，这时可能会想到一些新的生意点子；工作的时候也时常会想“这个项目要怎么做才能更有趣”“怎么样才能让人更感兴趣呢”。

“脑子里一直想着工作，完全没有办法切换到其他模式，太窒息了。”你可能会有这样的想法，但是，对于他们而言，可能都没有意识到自己一直在思考工作的事情。**他们并不会完全将工作状态调整成**

关闭，而是有适度的 Me Time，会让工作模式保持着“微弱开启”的状态。这样做，往往不经意间会冒出一些好点子。

不知道你有没有这样的经验？“好，接下来好好想想，构思一下。”万事俱备，认真地坐在书桌前，静静地思考，但是脑袋空空，完全没有任何想法；而在旅游的时候，进入温泉放松下来的一瞬间，灵光乍现。

所以，我建议保持这种“微弱开启”的状态，不必严格区分工作和休息时间，无须进行工作和生活的分割，让它们之间始终保持一定的联系。

磨磨蹭蹭也是“投资”，要有策略地磨蹭

很多人会因为自己磨磨蹭蹭、发呆而感到有罪恶感。

但是，我告诉你，**磨蹭、发呆其实也是“投资”**。不用对此感到苦恼，大大方方地为自己创造时间吧。

对此，有一个非常贴切的词语叫作“**策略性**”。给它贴上“策略性”的标签，舒舒服服地休息吧。

虽然我提倡早睡早起，但我也经常说“睡懒觉、睡回笼觉也没关系”。睡懒觉、睡回笼觉对于调整白天的状态非常有好处。这样转变自己的想法之后，如果不小心睡懒觉了，就给这件事情贴上“我今天策略性地睡了一个回笼觉”的标签，放松心情开启一天的生活吧。

这个“策略性”的思维方式，在你磨蹭、发呆的时候也可以派上用场。因为每天有留白、放松的时间，生活才会松弛有度。休息或者暂停工作，并不是偷懒，而是重要的投资。把这当作给自己的一份礼物——**用于认真思考未来的必要时间，让我们策略性地获取自己的 Me Time 吧。**

育儿假、产假等，也同样可以看作策略性的时间投资。

我有一位朋友是做文案策划的，她结束产假回归职场时，向大家说"我育儿留学回来啦"，而不是像普通人一样说"给各位添麻烦了"。

"真不愧是做文案策划的！"她遣词造句的能力实在太厉害了。"育儿留学"这个词，准确地表达了她从各种意义上都获得了许多珍贵时光的自信。通过给自己贴标签的方式，让大家对育儿假的认知也发生了改变，这段时间并不是"休息"，而是"通过育儿这独一无二的经历，提升自己之后荣归职场"。

当你有"不能休息"的想法和"有负罪感"的感受时，请大方地使用"策略性"这个标签。希望大家无论何时都能够摆脱负罪感，充分享受 Me Time 。

Chapter 2

早上 Me Time 的获取方式

最容易创造出 Me Time 的顺序是早上→晚上→白天

通过多年的研究，我发现，要想实现理想的时间分配，最容易入手且见效最快的顺序是“早上→晚上→白天”。因为这样的顺序更便于我们通过自己的努力去改变事物。

很多人会选择在休长假或者有大块时间的时候，集中精力去做平时很想做但是迟迟没有做的事情。有些人会有这样的经历：假期加班时，由于没有突发任务的干扰，工作进展得非常顺利。

其实，同样的环境，我们也可以在早上的时间中创造出来。

因为只要早起，你就会拥有一段不会被其他人和其他事打扰的自由时间。

而且，早上通常会有一些固定的日程安排，这也很好地为我们限定了自由时间的范围，如“上班之前”“孩子起床之前”“家人出门之前”等。这些日常安排反而成为一种积极的约束，让我们可以通过倒推来思考：“我在这里创造我的 Me Time 。”为了更顺利地创造 Me Time ，我们会不由自主地高效完成其他事情，从而自然而然地掌握选择与取舍的能力。

首先重新规划早上的时间分配，在成功获得“按照自己的想法分配时间”的良好体验后，才能激发自己把 Me Time 延伸到晚上和白天的动力。

虽然我写过一本推荐“早上 4 点起床”的书，但其实没必要像“早上 4 点起床”那样追求超级早起（当然，如果在确保充足睡眠的前提下，早起对于你来说没有任何不适，那就另当别论）。**正式开始一天的工作或生活之前，先给自己一段独处时间，30 分钟或者 1 个小时都没关系。**

一旦有一次这样美妙的体验，你就会希望在白天、晚上也能拥有。因此，让我们试着开启早上的 Me Time 吧。

早上，要绝对忠实于“想要做”

“每天忙得不可开交，哪儿还抽得出时间啊，根本不可能！”

我明白。对于每天早上都是匆忙度过的人来说，在早上创造 Me Time，确实很难。

但请放心，**早上，只需要去做你最喜欢的事情。**

如果是做让自己开心、兴奋的事情，是不是觉得稍微努努力也是能抽出时间的？

早上为自己创造 Me Time 的关键是绝对忠实于“想要做”。

早上的度过方式会影响一整天的状态。比起具体要做什么，以什么样的状态和心情开启一天的生活，显得更为重要。

或许很多人有过这样的经历：临近考试，考前复习和作业都没有完成，只能“早上学习”；工作怎么都做不完，只能“早上加班”。

因此，很多人会认为“晨间活动 = 艰难”。

然而，之所以会觉得晨间活动艰难，是因为人们把早上的时间都用来做“不得不做”的事情了。如果不习惯早起，光是早早起床这一件事情就已经非常辛苦了，还必须忍受不得不做的事情，不难受才怪呢。

多年来我一直在推广早起计划，但我必须告诉大家，早起是把双刃剑，既能让你信心倍增，也可能让你挫败不堪。

当成功早起时，你会觉得自己是说到做到的人，能够把握自己的人生，不禁情绪高涨；但当早起失败时，你就会觉得“连前一天下定决心要做的事情都做不到，我的意志力也太薄弱了”，意志消沉。这种心理落差非常大。

对于习惯熬夜的人来说，早起意味着要将整个生活作息前移，需要从日常习惯开始调整。

习惯是长年积累下来的，仅靠几天的努力就想发生改变无疑是天方夜谭，这和快速减肥会反弹是一个道理。

因此，**早上的 Me Time 与起床时间无关，应该优先选择当下想做的事情、让自己快乐的事情、让自己放松的事情。**

话虽如此，如果有些事情不做就心里不舒服，或者一直惦记着导致情绪无法平静，那就另当别论了。

那就坚持这样的原则：**早上，先安排自己想做的事情；如果有些事情不做就心里不舒服，那就干脆做完，让自己放松下来。这也是“想要做”的重要一环。**

每个人大概都有过这样的经历：做喜欢的事情非常快乐，觉得一天居然如此短暂、早起工作效率竟然如此之高。如果每天都能感受到这些情绪，你不觉得这是很棒的事情吗？

想做到这一点，秘诀就是**用“开心、快乐、愉悦”的事情来开启新的一天。**打破晨间生活很痛苦的固有观念，重建“早上非常愉悦”的认知，这样就能够轻松养成早起的习惯了。

早上“SEE 法”中的“S”（Show，可视化）——写出“100 件喜欢的事情”

为了在早上的 Me Time 中找到让自己享受的事情，我强烈建议先做一份“100 件喜欢的事情”的清单。通过将这些内容列出来（Show），并进行分组归纳整理（Edit），你就能找到真正让你感到“开心、快乐、愉悦”的事情。写清单和整理的过程，我还是推荐使用笔记本，它比智能手机和电脑都方便。

不要急于求成，利用早上的时间，不断尝试，慢慢进步。这也是创造出早上的 Me Time，并充分享受的重要准备阶段。

写出“100 件喜欢的事情”，就完成了你的“开心、快乐、愉悦”清单。再从中挑选几件事情来度过 Me Time，充分沉浸其中，既能开启美好的一天，又能通过后文介绍的“整理”阶段，发掘自己的喜好。

这件事情让人既兴奋又快乐，就让我们轻装上阵，放松地开始尝试吧。

》》比起“想做的事情”，更重要的是“喜欢的事情”《《

应该有很多人听说过“100 个愿望清单”。虽然我们可以简单地称之为“100 件想做的事情”，但是难免把“不得不做”的事情混到“想要做”的事情里面。如果出现这样的情况，在列清单的过程中，整个人的情绪就会慢慢偏离“开心、快乐、愉悦”的状态。还有一点，“100 件喜欢的事情”当中，不能有否定词汇。

举个例子，假如以“想做的事情”为主题列清单，你可能会写“希望不再为钱发愁”，这样一来，就会提醒自己还没有实现经济自由。如果把着眼点变为“喜欢”的事情，就会写下“有想买就买的能力”，我们的注意力就不会被缺钱所影响，心情会变得更加轻松。因此，不使用否定词汇很重要，这样一个简单的调整就能让你在写清单的过程当中更“开心、快乐、愉悦”。

“喜欢的事情”里面不需要“不得不做”的内容。这个清单只需要列出能够让你兴高采烈的事情。

Me Time 就是纯粹地把自己放在第一位的时间。当你把注意力过多集中在“提前做比较好的事情”或“为了他人而做的事情”上时，就会忽略自己发自内心“想做的事情”，这绝非长久之计。所以，把你喜欢的事情写在清单上吧，让早上成为最棒的时光，并以此来开启美好的一天。

“喜欢”的对象可以是一个物品，也可以是一件事情，不要在大脑中反复纠结，想到的事情一股脑儿写出来就可以。

你能写 100 多个也没问题，想写多少就写多少；即使你觉得写 100 个有难度，那也必须绞尽脑汁地写出 100 个。真的不知道该写些什么的时候，就想想什么事情能够让你发自内心地感到开心，或者列举让自己振奋的名言警句，也可以收集让自己放松、缓解情绪的话语。

》“100 件喜欢的事情”，能够让你立马回到“想要做”的事情上《

早上的时间当然也可以用来处理紧急的事情，比如回复邮件、修改资料或者处理临近截止日期的事情。但还是希望你慢慢开始尝试，在开启早上的工作之前，先做一件“喜欢的事情”。

当你进入工作模式后，很难着手做“想要做”的事情，但是如果你提前写好了“100 件喜欢的事情”，你完成手头上的事情，有一丝喘息的机会，看一眼清单就能够立马进入 Me Time 模式。

提前写下“100 件喜欢的事情”，即使你的生活被“不得不做”填满，当事情都步入正轨，不需要花太多精力时，你就能迅速地想到自己喜欢的事情。

》写下“100 件喜欢的事情”，来享受 Me Time 吧！《

接下来就让我们进入实战吧！在笔记本上尽可能多地写下让你开心、沉醉其中的事情。

“喜欢的事情”可以是一些小事，比如“喜欢早上起床，打开窗户，新鲜空气涌入房间的感觉”；**也可以是“喜欢看书”“喜欢边喝咖啡边吃零食的时光”之类与早上毫无关系的事情；还可以不是具体的事情，“咖啡”这样一个词语也是完全可以的。**当你写出 100 个这样的内容之后，你就能发现自己的喜好。

在写的过程中，不要在意“有没有重复”“用的是名词还是动词”这样的细节，只管顺着感觉，大胆地写下去。

“虽然早起了，最后却把时间用来发呆”“一直上网，无聊地打发时间”，如果你有以上情况，说明你还没有想清楚自己起床之后要做的“喜欢的事情”。如果你开始尝试从“100 件喜欢的事情”里选择要做的事情，就能快速感受到 Me Time 的魅力，也不会再觉得“好不容易早起了，却没有什么事情可做”。

通过写出“100 件喜欢的事情”，你能看清自己的兴趣、喜好，以及隐藏在“我想学习”背后的真实想法。

例如，当被问到“为什么大早上学习”时，你可能很难立刻明确地回答出原因。但在写出“喜欢的事情”的过程中，你可能会找到其中的原因，比如“我喜欢逐步了解未知世界的过程，所以喜欢学习”“学习是一件付出就有回报的事情”。

》绞尽脑汁也写不出“100 件喜欢的事情”，该怎么办？《

有的人追求完美和极致，想着必须要好好写，但这往往导致“实在是写不出 100 件喜欢的事情”，最后不得不停下笔。

相似的事情写好几次也可以，只写一个名词（蛋糕、茶等）也可以，表述长短不一、词性不统一也没关系，哪怕是不值一提的小事也无所谓。放松心情，放飞思绪，笔随心动就好。同样的事情多次列举，恰恰说明你发自内心地喜欢这件事情，无论如何都要争取去做。

即使这样还觉得没什么好写的，那就用你已经写下的内容来做联想，把内容联系起来。比如：我喜欢兜风——喜欢开车——喜欢坐在副驾看风景——喜欢计划远途旅游。

通过不断发散联想，你或许能够感受到原本模糊的“喜欢”逐渐变得清晰，有了明确的轮廓。

》什么时候写“100 件喜欢的事情”好呢？《

对于写下“100 件喜欢的事情”，没有时机和频率的要求。

但是，人是会随着环境的变化而改变的。所以，定期写的话，就能够发现自己喜好的变化，这也是一件非常有趣的事情。**以半年一次或者一年一次的频率来写，我认为是不错的选择。**

早上“SEE法”中的“E”（Edit，整理）——为那些心动的“喜欢”做标记

接下来，我们进入“整理”的阶段。为早上的Me Time做更进一步的准备。

刚才写出的“100件喜欢的事情”中，或许有一些特别能触动你内心的词句，也就是那些戳中你的关键词句，试着把这样的词句圈起来。看着这些画圈的关键词句，思考一下它们之间的内在联系，随后就可以根据自己的喜好，来整理属于你的“喜欢”清单了。

》找到自己的“喜欢”，走进自己的内心《

如果“做旅游计划”“做旅游准备”“做露营准备”“为家庭聚会做

准备”“思考解决方案”“被他人信任”这些词句能戳中你，那么请看着这些关键词句，问问自己为什么会被戳到。你会发现，它们可能包含这样一些共同要素：

- 被委以重任。
- 思考。
- 下功夫去做。
- 让他人开心。

当你觉得工作不顺时，你可能会讨厌这份工作。但当你意识到自己本质上是一个喜欢被他人依赖、喜欢思考、享受努力后获得的成就感并喜欢为他人带来快乐的人时，你可能会想“其实我可能也没那么讨厌这份工作”，甚至厌恶情绪一扫而空。为什么这么说呢？因为无论是做旅游攻略，还是日常工作，都可以理解为被他人信任，通过个人的思考和努力，最后得到一个令对方满意的结果的过程，从本质上来说，它们都是一样的。

通过深入思考那些让你心动的“喜欢”，你会逐渐了解自己的喜好。**当你清晰地勾勒出自己的“喜欢”轮廓时，你就会明白什么样的**

生活方式能够满足这些“喜欢”，以及未来应该朝着什么方向发展，这也能成为你规划时间的参考依据。

》喜欢的事情太多了，没有办法归纳，该怎么办?《

分不清自己的喜好，找不到自己的主轴，感觉清单里的事项非常混乱，**那就把散发着相似“气味”的“喜欢”归为一组。**

这里的“气味”是指“虽然说不清原因，但感觉上有点相似”的模糊的感觉。对“气味”分类之后，再用更简洁的语言来表达每组分类的特点。

比如，“喜欢”的关键词里有以下内容：

写手账的时间 / 独处时间 / 晨间生活 / 星野源 / 逆袭型电视剧 / 应试学习 / 演讲练习

只是这样罗列出来的话，确实看起来毫无关联，但是请试着多观察这些关键词，用自己的标准感受它们的“气味”，用不同颜色的笔来给它们分组。这个过程全靠主观感受，即使说不清原因也无所谓。

接下来，根据“气味”分组命名，比如下面这样：

· 写手账的时间 / 独处时间 / 晨间生活——“追求自由”组。

· 星野源 / 逆袭型电视剧——“绝望中的希望之光”组。

· 应试学习 / 演讲练习——“努力就会获得回报”组。

以这样的方式对事情进行分组，你会明白，你喜欢追求自由，渴望绝望中的希望之光，相信努力能够得到回报。一旦明确了自己的喜好，你就能把时间投入到这些事情上。

》喜欢的事情全是自己的事情，感觉有负罪感，该怎么办？《

有人会有这样的困惑：100 件喜欢的事情，全都是关于自己的，没有和家人相关的内容。感觉非常内疚，不知道该怎么分配时间了。

其实你完全没必要感到内疚。当你感到身心俱疲，没有多余的精力时，专注于自己的事情是很正常的。如果这时候你还想着“我总是只考虑自己，我太自私了”，那就没办法继续探索喜欢的事情了。

你要想“现在，我真的太累了”“我要用自己喜欢的事情把时间填满”，就是要彻底地宠爱自己一次。

当你写完自己喜欢的事情之后，关于家人的事情自然而然就会进入你的脑海。

》所有关键词都指向同一个主题，该怎么办？《

有人也会有这样的困惑：所有关键词都指向“有故事”，通过这一个关键词就能把所有“喜欢”归纳到一起，这时要如何分类呢？

这种情况下，没必要强行分类。你能明白“我总是被有故事的东西吸引”，人生当中拥有这个主轴就已经非常厉害了，不需要为无从分类而发愁。

当关键词范围过大，没有办法为实际行动提供指导时，你可以根据“人、物、地点”来进行分类，比如“有故事的人”“有故事的物”“有故事的地方”。这样一来，就像从主干上生长出枝丫，你就能逐步找到自己真正的喜好了。

早上“SEE法”中的“E”(Enjoy，享受)——使用晨间日记预测自己的一天

完成“可视化”和“整理”的步骤之后，就进入了“享受”环节。早上的 Me Time 要完全遵循“想要做”原则，从“100 件喜欢的事情”清单中挑选一件着手实践。如此，一大早你就能真切体会到珍视自我所带来的满足感。

全身心投入每一件事，尽情享受，真切感受将宝贵时间用在自己身上，以愉悦的状态开启新的一天，自然就会坚信，这一整天都能如你所愿顺利展开。

》以晨间日记为早上的 Me Time 画上圆满句号《

愉快地度过了这段专属自我的时光后，希望你能做这样一件事情：怀着愉悦的心情，写下你的晨间日记。**晨间日记，是让你以极佳的状态去预想一天（尚未结束的一天）可能会发生的事。**

当你以积极的心态去预想今天可能发生的事情时，往往会产生一些奇妙的化学反应。

举个例子，你从“100 件喜欢的事情”中选择了“穿漂亮的衣服”。为了让漂亮的衣服穿起来更加合身，减肥这件事便在你的脑海中浮现。即使当下体重还未下降，你也可以写下“控制饮食，比昨天瘦了 1 斤”这样的预测。如此一来，一整天你都会怀着已经瘦了 1 斤的心态去生活，挺胸收腹，注意饮食，最终很有可能真的瘦下来。

工作方面，你可以写下诸如“工作节奏把握得很好，准时下班”这样的预测。通过这种预测带来的心理暗示，在一整天的工作中，你都会格外留意自己的工作节奏。

为了达到自己所预想的理想状态，你会满怀热情、努力地去寻找达到的方法。倘若能一直坚持下去，一天、一周、一个月之后，必然会带来巨大的改变。所以，**试着写写晨间日记，逐步去完成那些稍微**

努力一下就能实现的目标吧。

从“喜欢”清单里，挑选出关于未来的理想，建议你把“为了实现这个理想，现在、今天就能做的事情”列入自己的日程安排中。

小专栏

简单又提神的早餐推荐

西多昌规先生是一位精神科医生，同时在早稻田大学担任副教授，出版了多部与早起及睡眠相关的著作。此前，在与西多先生以“早餐”为主题展开的对谈中，我收获了不少知识，在此与大家一同分享。

“想要唤醒生物钟，物理刺激必不可少。除了光线之外，饮食也是极为关键的一点。从皮肤到内脏，所有细胞都蕴含着具有生物钟功能的基因。胃和肠道中同样存在承担生物钟功能的细胞，要是没有食物摄入体内，胃和肠道便无法知晓何时该‘起床’。”

如今，很多人都没有吃早餐的习惯。然而，从唤醒体内生物钟的层面而言，早晨还是很有必要吃一些东西的。

平常吃早饭，大家都希望越简单越好！但又不能敷衍了事，得既健康，又提神……要做出这种“既简单又健康提神的早餐”，有 3 个要点。

【要点 1】提前准备好

· 像关东煮这类前一天煮好的食物，加热一下就能吃。

· 把烤好的铜锣烧冷冻起来，第二天加热即可。

· 烤面包片也很方便。

类似这样，尽量简化烹饪步骤，让准备过程更轻松。

【要点 2】口感好

· 能够提前做的金平牛蒡。

· 筋道的意面。

这些食物都很值得推荐。

最近我发现用燕麦替代大米做燕麦饭、燕麦粥当早饭，既方便又好吃。

【要点 3】用营养唤醒身体活力

柑橘类水果不仅香气清新，其味道还有提神醒脑的效果，而且富含维生素 C。

乳制品、坚果以及香蕉也十分适宜早晨食用。这些食物中所含的色氨酸不仅有安神作用，还能促进血清素的分泌，从而提高睡眠质量。人们通过在白天分泌血清素，晚上更容易入睡。

如果实在抽不出时间准备早餐，建议食用谷物或者混合麦片，这样可以摄入一定的谷物营养。同时，搭配吃一些水果，让早餐的营养更加均衡。

Chapter 3

晚上 Me Time 的获取方式

晚上，需要打交道的人逐渐增多

正如前文提到的，创造 Me Time 的难易程度，从易到难依次是早上、晚上、白天。基于这个顺序，接下来我将为大家介绍如何分配晚上的时间。

不过，在正式展开介绍之前，我想先和大家聊聊早起这件事，毕竟早起与睡眠时间息息相关。

“早睡早起”这句话早已是老生常谈，或许大家也会觉得，如果想通过早起来获得更多属于自己的时间，自然就要早点入睡。实际上，“早起早睡”才是更具可操作性的方法。

对于习惯熬夜的人而言，即使下定决心“今晚 10 点睡觉”，早早地躺到床上，也会格外清醒，根本无法入睡。此时，你可以采用一种简单粗暴的方式来调整：依旧像平常一样，熬到凌晨两点才睡，第二天强迫自己早起。如此一来，当天晚上肯定能早早入睡。但是，这样做存在一个问题：一整天都会感到十分疲惫。

我会对那些渴望实现早睡早起的人说：**“去‘早起国’留学吧。”**

然而，**与早上相比，想要在晚上获得属于自己的时间，就得多付出一些努力。因为这个时间段，需要兼顾家人和工作等多方面的情况，诸多因素都可能对自己产生影响，而且并非仅靠个人努力就能完全解决。**

不过，也不必因此而选择放弃。相较于白天，晚上主要接触的人群是家人，并且需要做的事情大多是固定的家庭日常事务。通过合理调整日常安排，将事情分为必要的和非必要的，把非必要的事情从日程中删除，这样就能把节省下来的时间投入真正想做的事情当中。

此外，对于那些想通过早起开启晨间生活进而晚上早睡的人而言，重新审视并调整自己的日常安排，是大有益处的。

无法在晚上拥有 Me Time ，主要原因可以归纳为以下 3 点。你可以对照看看，这 3 个原因中哪一个是你面临的，进而有针对性地解决在晚上无法拥有 Me Time 的问题。

- **未能完成工作任务，导致抽不出时间。**

- **家人的原因（家人回家晚，需要接送孩子上辅导班等），没法抽出时间。**
- **总是拖拖拉拉，没法抽出时间。**

接下来，我们就来看看怎样运用“SEE 法”，在晚上拥有属于自己的 Me Time 吧。

晚上“SEE法”中的“S”（Show，可视化）——写下晚间生活的现状和理想状态

将晚上计划要做的事情大致记录下来，有助于你实现早睡的目标。如同我在“早上手账”中对使用者的要求一样——入睡前，写下预计起床的大概时间，以及接下来打算做的事情。

“写下来”这一行为有极大的效用。倘若你仅仅在脑海中思索“几点起床”“要是能起来就去做这件事”，那么在早上，你往往会因困意而放弃。然而，当你将这些内容写在手账上时，心里就会产生这样的想法：“好不容易写下来了，得把这个计划落实才行”“可不想让‘没做到’这样的情况在手账上留下痕迹”。这种积极情绪会激励着你去完成早起的计划。

》遵循内心，畅想你的理想状态《

白天，脑海中充斥着“要在几点之前做完这件事、几点之前做完那件事”的念头，始终被时间赶着走。所以到了晚上，常常会产生逆反心理，再也不愿受时间的束缚，最终糊里糊涂地度过一晚。

最初，你或许会强烈抗拒做晚间计划，心想“至少晚上让我放松放松吧”。但请你试着去做一次，哪怕就一次，大致拟定一下晚上的计划，无须纠结计划是否完美无缺。写下计划后，你可能会按照计划出色地完成任务；也可能事与愿违，甚至与计划大相径庭。而当你察觉到这种差异时，就会开始思索出现差异的原因。一旦找到问题的根源，你就会明白今后该如何行动。

这个环节的关键在于，不仅要清楚认知当前的状况，还要用心去设想理想的晚间生活模式。

当你憧憬着“这简直就是我梦寐以求的夜晚”时，或许会发现，想象中的晚间生活与现实存在很大差距。而当你开始正视这两种截然不同的生活方式时，就会思考该如何缩小它们之间的差距。在认识现状时，千万不要被“我也无可奈何”“只能这样了”之类的想法所局限，尝试从不同视角，以灵活的思维方式去思考。

改变思考方式的关键就在于区分“不得不做”和“想要做”。晚上的时间规划，与个人的工作模式以及家人的生活习惯密切相关。

倘若晚上无法挤出属于自己的时间，想要早睡却难以实现，这或许是因为你的计划总是受家人的影响。

举例来说，你原本计划尽快收拾完，早点休息，可伴侣需要加班，并且还会回家吃饭，于是你只能一直等待，致使早睡的计划泡汤。这种情况可能会造成睡眠不足，或者引发报复性熬夜（即白天没有属于自己的时间，晚上便在本该睡觉的时候拼命熬夜，仿佛是在泄愤），最终变成了不得不熬夜（“不得不做”），而非真心不想睡觉（“想要做”）。

许多人会等待加班晚归的家人，即使这会导致自己无法按时早睡。他们之所以这么做，是觉得“还是得抽出些时间来和家人交流沟通”“要是不给对方做饭好像不太好”。

然而，晚上一直等着迟迟未归的家人，很容易滋生焦躁情绪。你不妨大大方方地告知伴侣：“我先睡啦！”“回来后把饭热一下再吃哟。”仅仅一个小小的改变，就能让你的状态和心情变得更加平和。你是否愿意尝试这样改变一下自己呢？

当然，或许存在其他因素，致使你不得不选择等待，又或者你真的十分享受等候伴侣回家的过程。倘若如此，你完全可以继续维持现有的做法。此时，请你摒弃一切杂念，坦诚地写下自己内心的感受，以及你所认为的理想的晚间生活方式（无须给任何人看）。**在探寻理想与现实的过程中，对自己保持绝对的诚实，是最关键的一点。**

虽说按照“现状→理想”的顺序来写可能会更加顺手，但请务必采用**“理想→现状”的顺序。**因为一旦你选择“现状→理想”的顺序，思维很容易局限在当前的实际状况中，最终只能制订与现状差别不大、缺乏创造性的时间分配计划。

为了使那些有待改进的地方显现出来，让我们依照“理想→现状”的顺序展开想象吧。

或许，在写完现状之后，你会感到无比失望。“为什么现实和理想的差距如此之大？”可能会因此深受打击。

但是，**这些差距正是我们成长的空间。**

首先，让我们直面现实；然后再一步步朝着理想的状态迈进，努力缩小现实与理想之间的差距。

》制订理想的晚间计划的 4 个步骤《

接下来就让我们进入实际操作阶段吧。你既可以在笔记本上用手写的方式来规划，也可以使用那些拥有充足书写空间、能够用来安排晚间日程的手账，还可以参考下一页的样式，我觉得它非常便捷实用。在第 68 到 69 页，我列举了一些具体的例子，可供你在操作时参考。

写的过程中请留意以下 4 个要点：

- **理想的时间安排（工作日、休息日）。**
- **现实的时间安排（工作日、休息日）。**
- **思考问题和对策。**
- **定期回顾。**

理想与现实的晚间日程

	理想的工作日	现实的工作日	理想的休息日
17:00			
18:00			
19:00			
20:00			
21:00			
22:00			
23:00			
24:00			
01:00			

现实的休息日	3个月后的工作日	3个月后的休息日	问题和对策

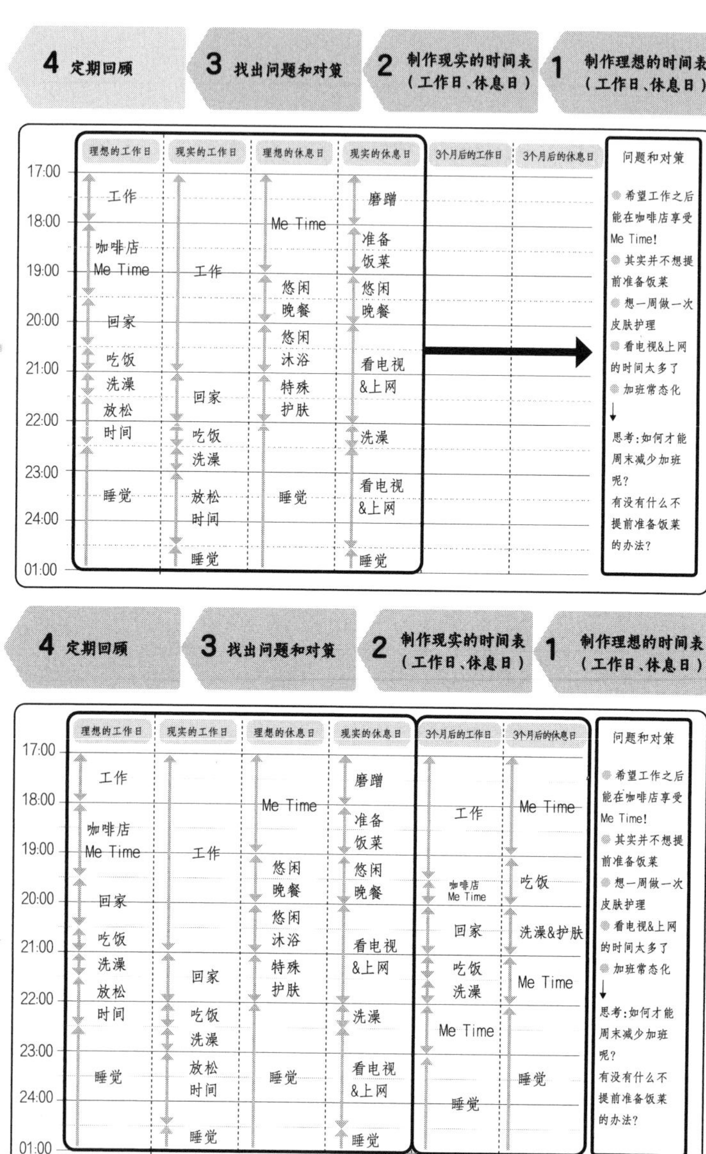
4 定期回顾
3 找出问题和对策
2 制作现实的时间表（工作日、休息日）
1 制作理想的时间表（工作日、休息日）
理想的工作日
现实的工作日
理想的休息日
现实的休息日
3个月后的工作日
3个月后的休息日
问题和对策
17:00
18:00
19:00
20:00
21:00
22:00
23:00
24:00
01:00
工作
咖啡店 Me Time
回家
吃饭
洗澡
放松时间
睡觉
工作
回家
吃饭
洗澡
放松时间
睡觉
Me Time
悠闲晚餐
悠闲沐浴
特殊护肤
睡觉
磨蹭
准备饭菜
悠闲晚餐
看电视&上网
洗澡
看电视&上网
睡觉
希望工作之后能在咖啡店享受Me Time!
其实并不想提前准备饭菜
想一周做一次皮肤护理
看电视&上网的时间太多了
加班常态化
思考：如何才能周末减少加班呢？
有没有什么不提前准备饭菜的办法？
4 定期回顾
3 找出问题和对策
2 制作现实的时间表（工作日、休息日）
1 制作理想的时间表（工作日、休息日）
工作
咖啡店 Me Time
回家
吃饭
洗澡
Me Time
睡觉
Me Time
吃饭
洗澡&护肤
Me Time
睡觉

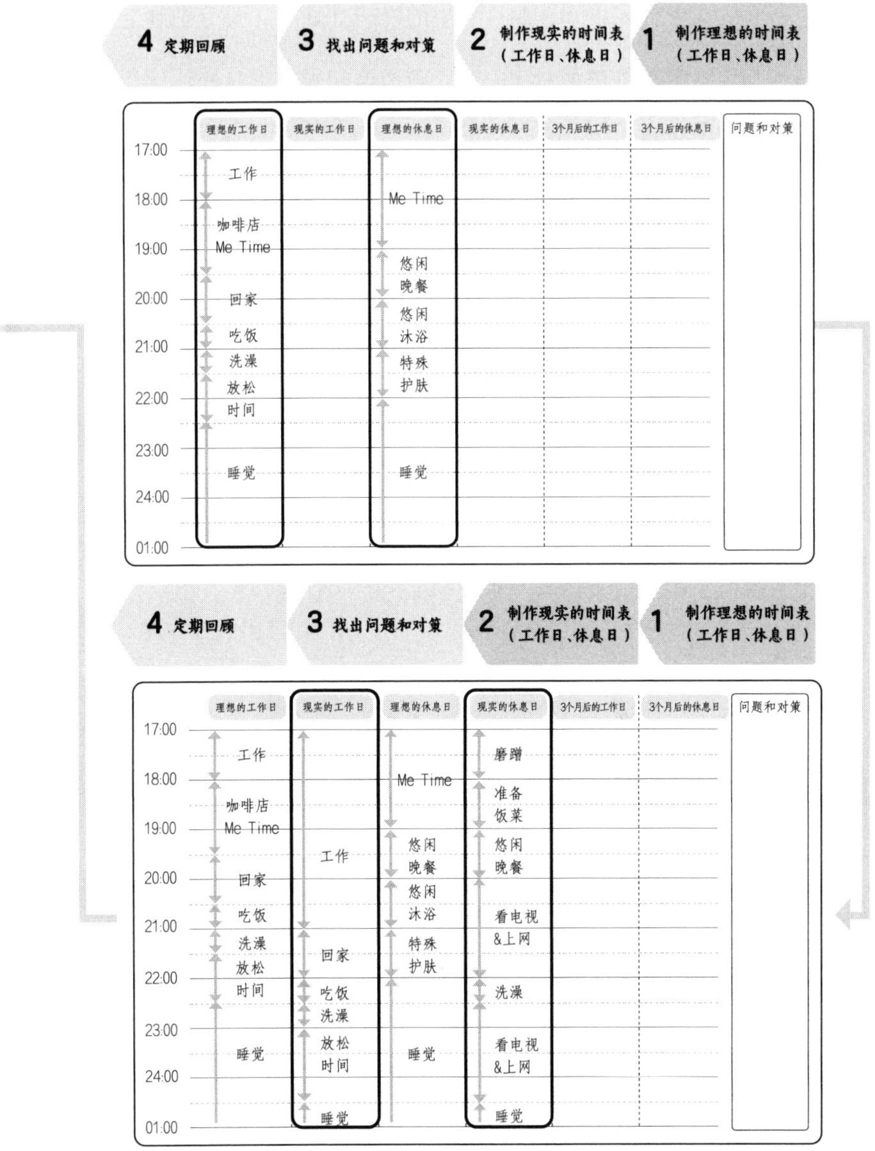

4 定期回顾　3 找出问题和对策　2 制作现实的时间表（工作日、休息日）　1 制作理想的时间表（工作日、休息日）

	理想的工作日	现实的工作日	理想的休息日	现实的休息日	3个月后的工作日	3个月后的休息日	问题和对策
17:00	工作		Me Time				
18:00	咖啡店 Me Time						
19:00			悠闲晚餐				
20:00	回家		悠闲沐浴				
21:00	吃饭 洗澡		特殊护肤				
22:00	放松时间						
23:00	睡觉		睡觉				
24:00							
01:00							

4 定期回顾　3 找出问题和对策　2 制作现实的时间表（工作日、休息日）　1 制作理想的时间表（工作日、休息日）

	理想的工作日	现实的工作日	理想的休息日	现实的休息日	3个月后的工作日	3个月后的休息日	问题和对策
17:00	工作	工作	Me Time	磨蹭			
18:00	咖啡店 Me Time			准备饭菜			
19:00			悠闲晚餐	悠闲晚餐			
20:00	回家		悠闲沐浴	看电视&上网			
21:00	吃饭 洗澡	回家	特殊护肤				
22:00	放松时间	吃饭 洗澡		洗澡			
23:00	睡觉	放松时间	睡觉	看电视&上网			
24:00		睡觉		睡觉			
01:00							

由前面的参考样式可知，制订理想的晚间计划时，要分别制定出工作日版和休息日版的理想时间安排，随后再记录工作日和休息日的时间的实际使用情况。

将理想与现实的时间安排表并排书写呈现，此时，你或许会因两者之间的巨大差异而感到震惊，又或许觉得现实情况与理想状态还算相符。我相信，在这个过程中你会有诸多发现。你可以在右侧的空白区域，自由地写下你的发现、存在的问题以及相应的解决对策，无论内容多少，只要是你所想到的，都可以记录下来。

如此一来，通过准确把握真实的现状，你会意识到有待改进的问题。这个看似简单的记录行为，将会给你的时间管理带来意想不到的积极改变。

倘若进行一次对比之后，就将其束之高阁，那些问题也会逐渐变得模糊，甚至被你彻底遗忘。所以，我建议每3个月进行一次回顾。

当你对现实状况以及改善方法进行深入思考，并用心去做出调整后，就能清晰地看到自身所发生的改变，那么你在时间分配方面，自然也会朝着理想的方向不断改变。

致那些渴望晚间休憩时光的读者

“每天都在工作和家务中忙碌奔波，早已疲惫不堪，晚上这点时间就该让我好好放松放松啊。”

“等家人都睡下了，自己慢悠悠地享受独处时光，是一天中最幸福的时刻，就别让我再折腾啦。”

或许有些读者会有上述想法，并对写下晚间日程安排心存抵触。这种心情，我完全能够理解。不过，哪怕就尝试一次，仅仅一次也好，我还是真心地希望你能试着写下晚间计划。

其实没必要每天、每周或者每月都坚持写。我们记录晚间日程，并非时刻去确认每件事有没有在 10 分钟、20 分钟内高效完成。

我们做这件事的核心目的，是要找出现实状况与理想状态之间存在差距的根源，弄清楚为什么自己没办法拥有 Me Time 。而了解自己真实的晚间时间分配情况，是达成这一目标的第一步。

晚上“SEE法”中的“E”（Edit，整理）——思考现实和理想之间为何存在差距

在写理想与现实的晚间时间安排时，或许会出现这样的结果：晚上根本无法挤出 Me Time ，甚至想在早上拥有 Me Time ，也会因为无法早睡而难以实现。正如前文所提到的，出现这种情况，可以归纳为以下 3 类原因：

- **未能完成工作任务，导致抽不出时间。**
- **家人的原因（家人回家晚、需要接送孩子上辅导班等），没法抽出时间。**
- **总是拖拖拉拉，没法抽出时间。**

首先，你需要弄清楚自己没有 Me Time 的原因，判断其属于上述 3 类原因中的哪一类，明确是哪些客观因素造成的，进而调整你的时间安排。

》未能完成工作任务，导致抽不出时间，该怎么办？《

整理的着眼点：自己是否过于迎合公司和家人的期待？

没有完成工作导致无法早睡的问题，以下情况比较常见：

· 旺季，工作非常忙碌，回家后只想睡觉。

· 刚休完产假回归职场，上班时间比正常上班时间短，但是被分配的工作量并没有减少，只能加班处理。

· 其他同事都准时下班了，只有自己还在加班，难道是自己工作效率太低了……

· 线上办公，同事之间并不知道彼此的工作状态，必须展示出“我在工作”的状态，不自觉地多干了一些。

如果你的生活像上述情形一样，总是被工作追赶，那么你会在不知不觉中养成迎合公司的理想和要求的思维习惯。

全身心投入到工作当中，与同事齐心协力推动工作，致力于实现公司的整体目标，这无疑是一件值得肯定的好事，在某些时候也确实需要这样的工作状态。然而，倘若总是将公司的利益置于首位，以至于当自己内心有了真正想做的事情时，还得先参照公司的安排来决定，这是不是有些本末倒置了呢？

举个例子，你明明年纪不小了，却总想着“现在正是该努力工作的时候”，始终把工作排在第一位，导致结婚和生育计划一推再推。

仅仅因为工作就舍弃自己的人生规划，这实在不太合理。

或许你会觉得上述例子与晚间时间安排，乍看之下并无关联，但实际上，倘若你的工作已经开始侵占你原本的 Me Time，那么它们之间的联系就相当紧密了。

如果你坚信工作是目前最重要的事情，将其视为自己真正想要去做的事情，那么继续保持这种工作状态也无可非议。反之，如果**你认为工作只是不得不去做的事情，并且还为此牺牲了自己的生活，长此以往，你的工作恐怕也难以创造出理想的业绩。**

你应当将公司所期望的理想型员工标准与自己内心的理想区分开来，以冷静的态度重新审视自己与公司之间的关系。

不妨先问问自己："这样的工作方式，真的合理吗？""是不是总感觉有些地方不太对劲呢？"

接着认真思索之前写下的理想时间安排清单，仔细探寻究竟要怎样做，才能让自己的生活回归到"本应"的状态。

为了实现写下的理想目标，确定"要做的事情"和"不做的事情"是至关重要的第一步。至于如何对白天的时间进行合理的优先排序，怎样在工作中挤出 Me Time ，以及怎样完成那些不得不做的工作等问题，将会在后续的章节中为你详细解答。

》家人的原因（家人回家晚、需要接送孩子上辅导班等），没法抽出时间，该怎么办？《

整理的着眼点 1: 与阶段性的事情和解

许多人觉得，在孩子年幼的时候，很难拥有属于自己的私人时间，常常因此产生焦虑情绪，甚至还会产生极端的想法：既然现在抽不出时间，以后恐怕永远也无法拥有属于自己的时间了。

我也曾有类似的经历，在孩子不满一岁时，我的作息被彻底打乱。等到孩子满一岁后，他开始每晚凌晨两点哭闹，我不得不起床照料，有时折腾到凌晨 4 点都无法入睡。孩子再大一些之后，晚上虽然不再哭闹，但精力愈发充沛，在幼儿园还会睡午觉，体力补充得很好，一刻也闲不下来。疫情期间，无法带孩子外出玩耍，即使晚上 8 点半就哄孩子上床睡觉，他仍会闹腾到 11 点，因此我需要花费大量时间哄他入睡……我甚至开始怀疑，自己还能恢复到早上 4 点起床的作息吗？有时不禁感到绝望。

现在，孩子已经上小学了，学校取消了午休，他晚上 9 点，最晚 9 点半就能安静入睡，我终于恢复了早上 4 点起床的作息。

虽然每个人的情况不同，但花费时间安抚晚上哭闹的孩子、哄睡这种状态，并不会一直持续下去。所以，不必为此感到焦虑，不妨告诉自己“这种状态一定会结束”，尝试与当下的状况达成和解。

在因照顾孩子而打乱作息的那段时间，我不再执着于“早上 4 点必须起床”这样强制性的起床目标，而是将目标调整为确保每天有 7 个小时的睡眠时间。因为只有保证了充足的睡眠时间，才能让自己心情舒畅、精神饱满。基于这一目标，我制订了 3 套作息方案，以此来保障自己拥有舒适的早睡早起生活。

如果实在无法保证 7 个小时的睡眠时间，由于我清楚自己通常会在下午两点左右感到困倦，于是便想办法应对，比如选择睡个午觉，或者适当减少午餐的进食量，以此来避免犯困。

· 晚上 9 点睡觉，早上 4 点起床，7 小时睡眠（最佳）。

· 晚上 10 点睡觉，早上 5 点起床，7 小时睡眠（小孩入睡比较晚的情况）。

· 晚上 10 点睡觉，早上 6 点起床，8 小时睡眠（小孩入睡比较晚，而且夜间孩子经常醒来导致睡眠不足的情况）。

孩子上辅导班、参加社团活动，这些其实都只是阶段性的活动。倘若你觉得当下这个阶段、这个时刻，陪伴孩子成长是人生中最重要的事情，那么一旦做出陪伴与守护的决定，就不妨果断且坦然地去享受这段时光（毕竟人生处于不同阶段，事情的优先级会有所变化，比如现阶段应以家庭为重，而有的时候则需为事业拼搏。至于到底如何排序，我在第四章会以表格的形式进行详细说明）。

与此同时，当你能够精准判断一件事是“不得不做”时，你也可以选择将这件事托付给身边的人，从而让自己从中解脱出来。

要是因为工作的缘故，无法在晚上挤出属于自己的自由时间，那么你不妨尝试从更长远的时间轴来思考，或许问题就能得到解决。

有些人由于工作性质，他们的时间安排需要配合客户，有时不得不工作到半夜，有时又能早早下班，时间极不固定。入睡时间总是变动，起床时间自然也难以保证。

单看他们一周的生活，确实会给人一种非常不规律的感觉。然而，当把时间维度拉长到 1 个月甚至 3 个月，就会发现他们的生活其实还是存在一定规律和倾向的。

例如，每个月在特定的节点后，会有一段休息的时间；或者，月底通常会比月初更加忙碌。

我建议你详细记录工作忙碌的波动情况，同时留意这期间自己身体状况的变化，从而全面掌控工作节奏。

整理的着眼点 2：探寻引导之法

如果与你同住的家人是“夜猫子”，其生活习惯和你存在差异，长期相处下来，你可能会感到压力不小。

试图强行让家人改变习惯绝非易事，然而，如果你多观察他们的作息，在沟通上多下些功夫，就有可能通过引导他们的行为，为自己赢得宝贵的“战利品”——时间。

在此，我想给你一个建议，那就是推进“自我枢纽化”。这里所说的“枢纽”，就如同网络设备中的“hub”，也类似于枢纽机场中

“枢纽”的概念。也就是说，由你自己来整合人员、事务以及信息，让所有事情都经过你的安排和处理，如此一来，事情便会自然而然地按照你的规划有序进行。

实际上，“谁制定，谁受益”是规则的一大特性。当你率先制定规则，让其他人自然遵守，就能逐步减少因无法预知后续安排而产生的压力。

举个例子，有些读者每天不仅要忙于工作，还得为家人准备晚饭。然而，由于家人总是不提前告知回家时间是否会有延迟，导致他们无法确定什么时候开始做饭，这让他们感到十分苦恼。如果只为自己准备饭菜，三下五除二就能搞定。而一旦要准备一家人的晚饭，就需要决定菜单、调整分量，还要根据家人回家的时间来决定做饭的时间，这确实很麻烦。

在这种情形下，你可以尝试在家里放置一块白板或者一个共用的笔记本，就如同公司的考勤公示板那样，制定一条“必须写上回家时间和晚饭要求”的规则。或者，通过网络的方式来共享日程表。要是觉得记录所有日程太过烦琐，也可以制定一些简单的规则，比如规定每天下午 3 点之前回复“是否需要回家吃晚饭”等信息，进而轻松推行你所制定的规则。

我在家中推行了“**昭和父亲大作战**”计划，主要对“吃饭、泡澡、睡觉”的时间做了明确规定。之所以将其命名为“昭和父亲大作战”，是因为在观看动画和电视剧时，我留意到昭和年代典型的父亲形象，回家后常挂在嘴边的就是“吃饭、泡澡、睡觉”，并且当时那种状态极为普遍（放到现在，着实难以想象呢）。

制定了“在几点做什么”的规则后，我还设置了定时闹钟。执行这些规则的过程，就像在玩一场游戏，充满了趣味。

》总是拖拖拉拉，没法抽出时间，该怎么办?《

整理的着眼点：将拖延的时间和推迟的事项纳入计划

晚上总是磨磨蹭蹭，不能按照预先设想的方式度过，甚至影响第二天早起。这种情况存在的弊端是会因未按计划利用时间而产生负罪感。

磨磨蹭蹭本身并不是坏事。真正糟糕的是，在无意识中浪费时间，让时间白白溜走，进而陷入自我厌恶的情绪中。

如果你有意识地决定磨蹭，或许反而能获得一种成就感。因为磨蹭作为一种放松手段，是非常重要的，所以请首先牢记一点，那就是在合适的情况下可以尽情地磨蹭。不要无意识地磨蹭，而是要有意识地把它当作放松手段纳入计划中。

如果你在临睡前总是忍不住刷手机，那么不妨给自己设置一个闹钟，明确规定只能在这一时间段内使用手机。或者，和自己达成一个小约定，比如今晚只看一集电视剧。要是能够遵守约定，就可以给自己积攒积分，到了第二天早上，再为自己准备一份小奖励。

顺便说一下，尽管很忙但还是会磨磨蹭蹭的一个原因是，对那些被推迟的事情感到纠结。

你有没有对明天以后的这些事情感到纠结呢？

- 不想做资料。
- 不想开会。
- 不想学习。
- 不想见那个人。
- 查询流程也太烦了。

如果无论如何都是磨磨蹭蹭，那么干脆痛快地把纠结的事情决定下来，“就在这段时间里做”，并把它纳入计划中，这样就会感觉畅快多了。关于如何在白天通过锁定时间的方法来解决这类纠结，以及怎样借助手账将它们纳入计划之中，我将在第四章和第五章中进行讲解。

制订 B 计划、C 计划，避免陷入困境

如果仅仅规划常态的日程，一旦无法按照计划顺利推进，就很容易让人感到沮丧和失落。比如，因为加班而无法拥有属于自己的时间；被烦心事困扰难以安然入睡；身体过于疲惫，导致无法按计划完成家务等。面对诸如此类的突发状况，我们可以考虑提前制订备选方案。这样一来，当再次出现类似情况时，就会形成一种积极的心态：即便没能按理想的计划分配时间，但我还是完成了 B 计划或者 C 计划。

总而言之，**你要尽可能减少“事情失败了”这样的想法，不断用“成功做到了”这类积极的认知来充实自己的思维。**

当真正开始践行早睡早起的生活方式时，我会设定“**晨间生活松竹梅**”。“晨间生活松竹梅”是我在想要早起却又难以实现时，为避免陷入失落情绪而形成的一种思考模式，这种模式对于规划晚间的时间同样非常适用。

具体而言，“晨间生活松竹梅”可细分为以下 3 种状态。

· 松：能够按照自己预期，准时早起，并且高效地利用时间，实现了最为理想的时间分配状态。

· 竹：尽管未能在预定的时间起床，然而还是成功地挤出一些属于自己的时间。

· 梅：虽然没有过上期待中的晨间生活，却也并非毫无收获，比如保证了充足的睡眠，又或是享受到了清晨的阳光等。

借助这样的思考模式，就不会再产生“事情没做好、失败了”的想法，早上的失落情绪也会随之消散，而且还能不断积累“成功做到”的经验。

在我因照顾孩子难以早起的那段时期，这种思考模式给予了我极大的帮助，让我顺利度过了那段艰难的时光。

不妨尝试将这种思考模式运用到晚间时光中。要是你觉得想出 3 种状态有些困难，想出两种状态也是完全可行的。你可以自由地设定自己的状态，比如像下面这样来划分：

- **松：成功地按照自己理想的方式度过夜晚，达到了最佳状态。**
- **竹：不管怎样，都挤出了一些用于放松的时间。**
- **梅：尽管几乎没做成什么事情，但好歹保证了自己充足的睡眠。**

有些读者或许对具体的时间和数字更为敏感，达成目标时会更有成就感。你自然也可以用数字来设定每个状态的标准。举例来说，睡前喝茶时间：“松”的状态为 30 分钟，“竹”的状态为 15 分钟，“梅”的状态为 5 分钟。或者还能计算数量，比如在“100 件喜欢的事情”中，统计适合在晚上做的事情，究竟做成了多少件。

晚上“SEE 法”中的“E”(Enjoy，享受)——度过快乐、开心、愉悦的夜晚

接下来，让我们好好享受这来之不易的晚上的 Me Time 吧。这里有一个重要的原则：晚上的时间就是用来放松和尽情享受的，要让自己带着愉悦的心情进入梦乡。

如果你处于迷茫状态，不知道晚上该做些什么，那么早上在“SEE 法”中整理的“100 件喜欢的事情”就又能发挥作用了。

》从“100 件喜欢的事情”中筛选出适合晚上做的事吧！《

在“100 件喜欢的事情”里，肯定会有一些不太适合在早上做的事情。即使它们不适合早上进行，也别轻易舍弃。可以把这些事情挑选出来，列入“晚上的放松方式”清单中。有些读者在使用“晨间生活手账”时，会在适合晚间做的事项上盖章标记，这也是一个充满趣味的过程呢。

由于家人的缘故，晚上或许很难抽出一段较为完整的时间。在这样的阶段，你可以为自己准备一份清单，上面罗列一些“只要做了就感到开心，即便在做的过程中被打断也无妨”的事情。以下这些思路可供参考：

- 观看留存下来的视频。
- 读一些简单易懂的散文，即使被打断也不受影响。
- 构思以后想写的博客的主题，凝练自己的想法。
- 如果是学习和工作的话，就不要做需要集中注意力的策划或者构思之类的事情，可以做一些能够轻易做到的事情。

》睡觉之前列举 5 件好事《

当你饱受入睡困难的困扰时，在此强烈向你推荐“**列举 5 件好事**”的方法。

这个方法是一位长期给予我帮助的医生传授给我的。

这个方法十分简便，**睡前对一整天所发生的事情进行回顾，然后列举出 5 件好事即可。**

或许你常常听到列举 3 件好事的做法，但实际上这里强调的“5 件”才是重点所在。列举 1 — 3 件好事相对来说比较容易，然而**一旦要求列举出 5 件，你就不得不努力去发掘那些困难事情背后所隐藏的积极面。这样做，能够让你真切地体会到当下的幸福。**带着对好事的回味进入梦乡，想必你一定会睡得格外香甜。

“列举 5 件好事”这个方法能在一定程度上改变你的思维模式，让你从“要是当时那样做就好了”“要是当时这样做就好了”的后悔情绪中走出来，转而专注于自己成功完成的事情。

我也把这个“列举 5 件好事”的睡前习惯教给了我的儿子。目前我们是通过口头表述的方式说出这 5 件好事。要是条件允许的话，我建议你在笔记本上记录下来，如此一来，“好事”便会不断积累。当你回顾笔记本上记录的这些“好事”时，会产生一种“我其实还是非常努力的”想法，进而自信心也能得到提升。

小专栏

熟睡到清晨！易消化的暖身晚餐

拖着疲惫的身体回到家，还得强打精神去准备晚饭，这滋味实在不好受。刚吃完亲手做的晚饭，如果食物还没消化就匆匆入睡，睡眠时胃部仍在“工作”，很可能会影响夜间的睡眠质量。

为了实现早睡的目标，在准备晚饭时不妨记住以下 3 个要点：

① 易消化。

② 让身体暖和起来。

③ 不费事。

关于菜单的选择，我觉得以下几种可以考虑：

“超简单，1 个火锅搞定主食、蛋白质、蔬菜”；

“几分钟就能搞定的快面”；

“购买即食乌冬面，只需加热一下就能享用清淡可口的蛋花乌冬面”。

Chapter 4

白天 Me Time 的获取方式

白天的时光同样属于“我”

通过前面的章节，我们已经成功地拥有了早上和晚上的 Me Time 。

终于轮到探索如何拥有白天的 Me Time 了。白天大家都忙于工作，仅靠个人之力，想要做出改变并非易事，这比在早上和晚上挤出 Me Time 还要困难。

不过，经过对早上和晚上的挑战，我们分辨“不得不做”和“想要做”的事情的敏锐度已经有所提升。所以，放轻松些，你完全有能力做到。让我们来攻克最后一道难关吧。

下页图是在前言中展示过的一幅图，通过这幅图，我们能够清楚地认识到，想要在白天抽出自由时间是多么艰难。

虽然人生并非只有工作，然而整天忙于工作也的确是我们大部分

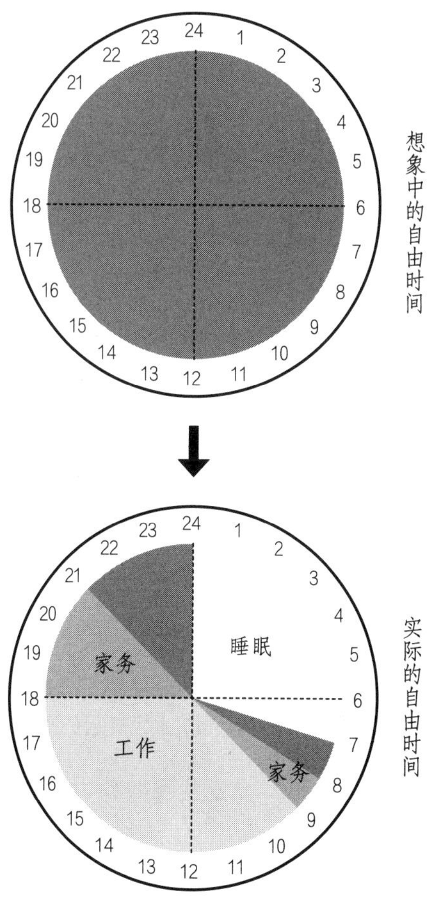

人的真实写照。既然如此，与其每周一早上都怀着郁闷烦躁的心情开启工作，不如振奋精神，让自己全身心地投入到工作中。

那么，让我们一同思考，究竟怎样做才能让白天的时光也充满快乐呢？

白天 Me Time 的终极目标就是“把挤出来的时间用在自己身上”。

平日里，我们被工作和家务紧紧束缚，时间显得极为紧张。几乎没有闲暇时间去思考未来的方向，也很难顾及那些虽不紧急但却至关重要的事情。长此以往，必然会产生一种“每天都忙忙碌碌，却似乎没有任何实质性进步”的感觉。

定期回顾自己的生活，明确现实状况与目标之间的差距，时刻校准心中指引方向的“指南针”，都需要我们挤出专门的时间来完成。

正如前面所提到的，想要在白天拥有属于自己的 Me Time，其难度要高于早上和晚上。正因如此，“SEE 法”也会相应地变得复杂一些。接下来，我会逐步进行详细说明，你可以按照顺序依次尝试。

第一个关键要点是找出“究竟从哪些地方能够挤出时间”以及“哪个时间段的工作效率最高”。

白天“SEE法”中的“S”(Show,可视化)【初级篇】——确保挤出属于自己的时间

如果想在白天挤出一定的时间，避免被工作追赶，关键在于以下两点：

· 清楚地了解自己白天状态最佳（工作效率最高）的时间点和环境。

· 为了保证自己状态最佳的时候不被打扰，提前在日程上进行“时间锁定”。

“今天效率极高”与“今天工作未按计划推进”这两种情况之间

的差别，很多时候取决于临时增加的工作量的多少。

白天，我们常常会被各种事务缠身，频繁接听电话、处理紧急邮件、解答同事的疑问以及接待客户等，注意力不断被打断，很多时候即使想挤出时间也难以实现。

》锁定“获胜时间”，实施有效管理《

在此，我们需要转变一下思路。**首先，锁定白天你注意力最集中的时间段，提前将这段时间设定为 Me Time 。就如同和他人预约会议时间那样，和自己定下约定，认真规划好 Me Time 。**

另外，还有一个关键要点：**留意自己在什么时间、地点以及何种状况下状态最佳。将 Me Time 安排在这些状态良好的时间段。**

运动员们为了在正式比赛时能达到最佳状态，会准备一套“获胜模式”，也被称作“巅峰管理”。比如，他们会定下一个能让自己集中精力的动作，或者每天早上固定吃某种食物。

我们也可以借鉴这种模式，**让白天成为状态最佳的时段。让我们一起对“获胜时间”进行有效管理，使自己的状态达到巅峰。**

那么，究竟怎样才能做好“获胜时间”的管理呢？建议你先回顾一下以往成功的经历，思考自己在什么时候状态最佳（达到了巅峰状态），回忆当时的状态、习惯以及所处的环境，并将这些记录下来，存储在自己的“获胜模式”中，并不断充实这个“数据库”。

在回忆的过程中，5W1H 提问法（即什么时候、谁、在哪儿、什么事、为什么和怎么做）非常实用。通过反复查看自己的手账和日程安排表，或许你能从中找到一些有用的线索。

· 什么时候（When）：早上？白天？晚上？大概几点？

· 谁（Who）：让你感到放松、状态更好的人？还是消耗你的能量的人？

· 在哪儿（Where）：喜欢的咖啡店？会议室？空间中的什么位置？走路等移动过程当中？

· 什么事（What）：是咖啡、茶还是能量饮料为你提供了能量？

· 为什么（Why）：为什么你觉得那是“获胜时间”呢？

· 怎么做（How）：和其他时间相比，事情是如何更加顺畅地进行的呢？

通过抽丝剥茧地回答以上问题，也许你会发现一些未曾意识到的规律和倾向。

一旦明确了自己在何种情形下、哪个时间段状态最佳，就提前将这段时间预留锁定下来。

“时间锁定”这一方法，是我还在公司任职的时候，从当时的上级那里学到的，实践证明这种方法非常有效。具体来说，就是划出一段特定的时间，在这段时间内屏蔽掉外界所有的联系，让自己全身心地专注于工作（即锁定这段时间），并且要像遵守和他人的重要约定那样，严格执行自己的时间规划安排。

你可能会说，工作过程中不可避免地需要与外部进行沟通和联络。然而，只要多花些心思、想想办法，抽出一个小时左右的“时间锁定”时段还是可行的。你可以以“个人会议”的名义预约会议室，独自在里面专注工作（一般来说，直接以“个人会议”的名义预约可能有些困难，那么将其称为“沟通会”也是没问题的。毕竟这是与自己的沟通会，所以就如同和他人沟通那样，大大方方地去预约即可）。要是周围的环境不允许使用会议室，你可以竖起“工作时间，请勿打扰”的标识牌，或者通过其他方式让周围的人知晓你现在不希望被打扰。要让这种做法成为你自己的工作习惯，同时让周围的人也都了解。如果最终大家都能拥有这样一段专注的工作时间，那自然是最理想的状态了。

倘若你是居家办公，在“锁定”的这段时间里，你完全可以前往另一个房间，以此来切换自己的工作状态。

此外，想必你也有这样的体会：开会和工作时，大脑的运作模式截然不同。如果意识到这种状态的切换对你而言需要一定的时间，那么你可以提前把时间固定下来，比如设定“今天为会议日”。这样一来，就能节省状态切换所耗费的时间，工作效率也会得到显著提升。

白天“SEE法”中的“S”(Show，可视化)【中级篇】——细化工作的颗粒度

正如前面所提到的那样，在“锁定”的时段内梳理清楚需要完成的事情，这样能让你对工作有更清晰、更明确的掌控。以往我们总是优先处理显眼或容易着手的事情，结果效率不高，还总觉得时间不够用。不过，你无须过分纠结于过去，先把此刻脑海中想到的所有任务一股脑儿地写下来。

针对这些任务，我给出的建议是**“细化工作的颗粒度”**。

越是努力踏实工作的人，往往越倾向于把工作都揽在自己手里。他们心里可能会这样想：“这是只有我才能胜任的工作”“要是拜托别人去做，反而会更麻烦”“还得把自己脑海里的想法和逻辑向别人解释一遍，这样一来更耗费时间”“大家都这么忙，我还是自己加把劲努力干吧”。

不正是因为持有这样的想法，才使得手中的工作越积越多吗?

尤其是那些能力出众的人，凡是他们下定决心要完成的任务，必定能搞定。有时候，即使把工作交给别人做能让自己轻松一些，可他们还是会觉得“自己动手做会更快”，然后干脆利落地将所有工作都包揽下来。

那些总是认为“自己做效率更高”，而不愿把工作分派出去的人，实际上有一种自以为是的认知。事情靠大家做，众手浇开幸福花。凡事自己大包大揽，其结果只会挫伤大家的积极性，久而久之，不仅事情做不好，还影响团结，也会误事。

如果总是认为只有自己能干好，别人却不行，那么你将一直被工作所累，永远无法从繁忙的工作中解脱出来。因此，我建议你首先要养成信任他人，又善于细化工作流程的习惯。

》高效推进工作的分解法《

假设你接到一项“制作汇报材料”的工作任务，你正为此感到苦恼，既不知该从何处着手，又难以自行梳理清晰，甚至不知道怎样合理地将工作分配给他人。那么接下来，我们就尝试把这项工作尽可能细致地分解，将每个环节所需的时间也一并记录在笔记本上。

“制作汇报材料”，可以分解为以下步骤：

· 明确客户的诉求▶ 15 分钟

· 挑选客户▶ 15 分钟

· 设定企划目标▶ 30 分钟

· 手写大纲▶ 40 分钟

· 设想汇报时对方的异议和问题，并形成列表▶ 30 分钟

· 准备反驳意见和问题的答复▶ 10 分钟

· 企划的实施日程表▶ 30 分钟

· 企划中所需要的工作人员数量和工时，算出实际需要的费用▶ 30 分钟

· 和相关人员沟通企划大纲▶ 60 分钟

· 完成材料初稿▶ 60 分钟

· 提交上级检查▶ 15 分钟

· 修改材料▶ 30 分钟

· 进行汇报预演▶ 50 分钟

· 打印进行发放的版本▶ 10 分钟

当将工作分解到这种细致程度时，便能够较为准确地估算出完成一项工作所需的时间。

每日任务分解表

工作内容	任务分解	目标所需时间
	□	
	□	
	□	
	□	
	□	
	□	
	□	
	□	
	□	
	□	
	□	
	□	
	□	
	□	
	□	
	□	
	□	
	□	
	□	
	□	
	□	
	□	
	□	
	□	
	□	
	□	
	□	
	□	

填写示例

工作内容	任务分解	目标所需时间
制作汇报材料	□明确客户的诉求	15分钟
	□挑选客户	15分钟
	□设定企划目标	30分钟
	□手写大纲	40分钟
	□列举异议、问题	30分钟
	□准备答复	10分钟
	□制定企划日程	30分钟
	□所需人手和预算	30分钟
	□沟通大纲	60分钟
	□完成初稿材料	60分钟
	□提交领导审核	15分钟
	□修改材料	30分钟
	□汇报预演	50分钟
	□打印资料	10分钟

这种分解方法特别适用于那些认为自己工作效率不高，总是被截止日期追赶着工作的人。上述“制作汇报材料”的例子，最直接的目标是“做出材料”，或许有人会凭直觉觉得 60 分钟就可以完成。然而，当你认真地对所需时间进行评估时，就会发现其中有许多事情需要去做，进而意识到如果仅预留一天时间来完成这项工作任务，显然是不够的。将工作进行分解后，能够极大地减少偷懒、拖延的现象。而且，通过这种方式，你可以清晰地了解工作任务包含哪些具体内容，大概在什么时间能够完成，每个环节都一目了然。如此一来，你

就能摆脱那种担心无法按时完成工作的不安与焦虑情绪，以更加从容的心态开展工作。

不仅如此，当你把工作内容以及所需时间都详细地写下来后，就能清楚地分辨出哪些工作是自己有能力完成的，哪些是超出自己能力范围的，这样一来，在分配工作时就更具针对性了。

即使你暂时没有分配工作的权限，或者你更习惯独自默默工作，通过对工作进行分解这一过程，你也能清晰地认识到“这是原本可以交给别人做的工作”和“这是只有自己才能完成的工作”之间的差异。有了这样的认知，你才能优化对工作时间的分配方式。

哪怕只是处理家务事，只要区分出“绝对不能让他人代劳的事情”和“完全可以放心交给别人去做的事情”，假以时日，或许你能通过付费或者借助家电设备等方式，让自己从繁重的家务中解脱出来。

许多工作乍看之下，似乎都得靠自己去完成，让人觉得困难重重。然而，当你把工作的所有环节都一一分解开来，明确知晓哪些工作自己能够独立完成，哪些工作需要他人的协助，将工作细化到这种程度时，你就会恍然大悟：很多工作好像并没有想象中那么难。

特别是在线上办公模式下，我们无法像过去那样轻松地与他人面对面沟通，也不能直观了解别人的工作进展情况，自然会产生“目前的工作流程是否正确”的疑点。

如果担心工作流程存在问题，或者某些工作总是难以顺利推进，同样可以借助这种分解工作的方式，来重新审视并调整自己的工作方法与流程。

当你提出“这项工作我是这样做的，不知道你有没有更好的办法？”时，也创造了一个与身边同事开启对话、交流经验的良好契机。

此外，对任务分解技能的训练，能够使你摆脱那种“整天忙忙碌碌，工作却毫无进展”的无力感。由于每项工作都被细致地分解开来，每天必定能完成一个或多个任务，如此一来，你就能不断积累“成功做到、顺利完成”的经验，获得满满的成就感。

正是因为工作被细化到了非常精细的程度，所以工作进度也变得更加清晰明了。无论是成功的关键因素，还是失败的根本原因，都能从各个工作环节中准确识别。而且，你还能充分感受到每完成一个小任务所带来的成就感。

》完全无法预估工作时间，这种情况怎么办?《

对于资料和数据收集类的工作，诸如分析、考察、调研等，如果不真正去做，确实很难快速预估大概所需的时间。从事这类工作时，若能有意识地留意以下 3 个关键要点，就能让你摆脱“根本做不完”的困境。

1. 在收集资料之前，先花 5 分钟思考

有些人秉持着只要足够努力必定会有收获的想法。然而，我还是建议你在采取行动之前，认真地思考一下行动的目的以及合适的实施方案。即使一项收集信息的工作，也并非毫无章法、随意为之，不能收集到什么就是什么。你首先应当明确，究竟哪些信息才是真正需要的。“思考”这个过程或许看似枯燥乏味，而且在外人眼中似乎没有任何实际产出，但是一旦通过思考确定了后续的行动方案，就能为接下来的行动注入强大的动力，使其能够一气呵成地推进。

与之相反，有些人表面上看起来十分努力，可实际上却几乎没有取得什么实质性的成果。他们往往不管不顾，总是先急于解决眼前的问题，很多时候还没触及问题的“根源”，就已经疲惫不堪，导致在工作的后半段基本处于失控的状态。

所以，在正式开展工作之前，先给自己 5 分钟的时间，明确工作的目标，再动手去做。

2. 养成“提案→分析→结论”的思考方式

在制作资料、撰写文章时，通常大家会按照“分析→结论→提案”的顺序来进行，这使得我们的思维也常常顺着这样的惯性运转。实际上，思考的顺序与准备资料以及进行汇报的顺序存在一定的差异。正确的做法是，**先明确自己想要提出的提案内容，接着思考为了让该提案更具说服力，需要搜集哪些资料作为佐证，最后得出相应的结论。养成这样的思考习惯，能够让我们的工作效率得到显著提升。**

上述方法，是我在以往的工作中，通过准备各类汇报资料总结出来的经验。

各类资料的完善，都需要经历一个逐步准备的过程，很难从一开始就做到尽善尽美。首先，准备一张 A4 纸，我将其称为“空盒子”，把这张纸划分为 4 — 8 个部分。然后，把自己想要传达的信息以及需要收集的资料记录在上面。这个过程，能够让我们对资料的整体方向有一个清晰的把握。接着，在大纲中不断补充具体内容，最后形成完整的资料。也就是先思考汇报的大纲，为了支撑这些观点，预估需要哪些资料，之后再着手进行收集工作。当然，如果最初假设的观点出现错误，无法收集到相应的支撑资料，那就需要重新设定观点；但要是收集了大量资料和数据后，最后却发现结论存在问题，就不得不全部推翻重新开始。相较之下，“提案→分析→结论”这种顺序的工作效率确实要比“分析→结论→提案”的更高一些。

3. 确定放弃的时机

如果一味地执着于最初拟定的提案，哪怕困难重重，仍强迫自己去收集相关资料，那么极有可能耗费大量时间做了无用功。因此，我们有必要明确在何种情况下应当果断选择放弃。

举例来说，当我们在网上收集提案所需的资料时，可以给自己设定这样的规则：一个小时之内未找到支撑提案的相关数据，就对提案进行调整。如此一来，就能避免自己陷入盲目进行数据收集的困境。

白天“SEE法”中的“S”（Show，可视化）【高级篇】——思考人生中重要的“六大支柱”

前面初级篇、中级篇主要围绕着如何切实推进手头的工作展开了详细阐述。本节，我将从更宏观的视角出发，探讨如何张弛有度地度过一生。在漫漫人生旅程中，探寻你真正在意、珍视的事物，进而实现人生各方面的平衡。

“倘若继续维持现在的工作模式，真的不会有问题吗？”

“这是我理想的工作状态吗？”

“现在的工作与生活，是否已经实现了平衡呢？”

诸如此类的问题，让我们一同深入思考探讨一番吧。

》规划着眼于半年到一年生活的六大支柱《

从视觉层面直观地呈现自身的价值观，找准个人的核心关注点，这样就能干脆利落地处理掉工作中那些不必要的事务。

具体而言，就是制作一个“**六大支柱雷达图**”，明确自己当前在哪些方面投入了精力，将现阶段认为重要的事物以可视化的形式呈现出来。

这个雷达图无须每日制作，每半年至一年绘制一次即可。

六大支柱可以通过以下 3 个步骤来构建：

Step 1：思考 6 个对自己来说非常重要的支柱（后文将详细说明选择方法）。

Step 2：在笔记本上画出雷达图，所有支柱得分总计 30 分，用黑色笔画出表示现状的线。

Step 3：用灰色笔画出表示理想状态的线（同样遵守总分 30 分原则）。

》明晰务必坚守的支柱，无惧计划变更《

有些事情最初是自己主动决定去做的，然而不知从何时起，竟演变成了别人对自己的要求，稀里糊涂地就成了不得不做的任务，心情也因此变得沉重——你是否有过类似的经历呢？如果制订了计划却没有执行，等到回头再看自己制订的计划时，你难免会感到有些沮丧吧？

另一种极端情况是，总是试图用想做的事情来填满整个计划。这必然会给自己带来一种必须全部完成的压力，同时还会担心，如果做不到，会不会影响到其他事情。这样的想法同样会给自己增加负担。

工作非常繁忙，根本没有时间做家务，家里变得一团糟。这时候，有的人可能会暗自思忖，“难道我连家务都做不好……”“我居然连认真打扫卫生这点事都做不到……”还有的人，明明手头上有一项任务亟待完成，却不由自主地开始担忧起另外一件事情，甚至还会因此产生负罪感。你是否也有过这样的感受呢？

当你的时间被不得不做的事情充斥时，就会感觉被各种事务追着跑。尽管每件事情都很重要，但专注于一件事情时，另一件事情自然就会被忽视。很多时候，人们会厌恶这样无能为力的自己吧。为了避免出现这种情况，请务必确定对你而言最重要的六大支柱。

为切实保障属于自己的 Me Time，搞清楚如何合理分配有限的时间资源，无疑是极为关键的。

在资源分配的过程中，有一个重要的环节，就是确定“放弃”的部分。当你觉得这个也重要、那个也重要，从而导致时间难以合理分配时，很大程度上是因为你没有明确界定“这件事是不是必须要做的”。

如果你能够确定“这件事必须做”，那么除了这件事之外的其他事情，你都能够果断地选择放弃。

由于你所选定的六大支柱，每一个对你而言都是难以割舍且意义重大的，所以针对每一个支柱进行精力和时间分配时，你可以依据实际情况做出相应的调整。六大支柱各有侧重是正常的，即使其中某一个支柱在时间和精力分配上的占比相对较低，也并不会对整体造成太大的影响。

》》六大支柱的示例《《

各个支柱可以是暂定的，如果你实际践行之后发现好像不太合理，3 个月之后再调整也是可以的，以轻松的心态去尝试就好。

不过，有时可能会一时想不出六大支柱具体是什么，完全没有头绪。希望下面这些例子能够给你带来一些启发和思路：

· 心理、身体、财富、事业、兴趣、家庭

· 生活基础、健康、兴趣、副业、主业、人际关系

· 创作、健康·运动、游玩·朋友·冒险、育儿、家庭经营·社区融合、工作

· 与家人相处的时间、工作的意义、经济基础、与社会的联系（朋友·信息）、独处时光、身心健康

· 家庭、工作、健康·美容、心理、睡眠、自我投资

· 工作、育儿、令人心动的交流、兴趣培养、健康美容、社会贡献

· 健康、发展兴趣爱好、与家人共度的时间、考试、员工管理、工作的意义

我将 2022 年上半年的支柱设定如下：晨间工作坊事业部、晨间生活事业部、法人事业部、家庭・育儿、美容・健康・放松、人际交往。

其中，带有“事业部”字样的内容，属于公司的重点工作。进行设定时，我特意将一半的支柱设定为公司重点事务，另一半则设定为生活方面的重点内容。

另外，你还可以借鉴其他畅销书籍中的方法。例如，《高效能人士的七个习惯》一书中介绍了一种方式：你可以依据自己所扮演的社会角色，也就是基于与他人的关系以及自身所肩负的责任，来梳理出人生中那些重要的事情。（比如：作为父母所承担的责任、作为社区成员应尽的义务、作为科长要履行的职责等）

此外，我毕业之后就入职了和民株式会社，当时和领导按照以下的主轴来设定目标：

①工作 / ②家庭 / ③素养 / ④财产 / ⑤兴趣 / ⑥健康

和民株式会社的董事长兼社长渡边美树先生的著作《给梦想定个日期!【新版】实现梦想的手账术》中对目标的设定也进行了介绍。

白天“SEE法”中的“E”(Edit ①，整理)——思考现在应该优先做什么

为了最大限度地争取到更多 Me Time，我们应当全力减少在不必要的事情上所耗费的时间。所以，首要任务就是清晰地确定值得优先分配时间的重要事项。

》“六大支柱雷达图”的制作方法《

明确了六大支柱的具体内容之后，接下来就要将这些内容填入雷达图中。设定六大支柱的分值总和为 30 分，用黑色笔标记出当前的状态，用灰色笔标记出自己期望达到的状态。

这个过程中，需要注意以下两点：

· **严格遵循分值总和为 30 分的原则。**

· **无须刻意追求各支柱之间的平衡。**

尝试绘制“六大支柱雷达图”

1 确定对你而言重要的六个支柱(具体内容不限)。

2 总分为30分,用黑色的笔画出表示现状的线。

3 用灰色的笔画出表示理想状态的线(严格遵守总分为30分的原则)。

※即使各要素之间的分值并不均衡,也是完全可以的。关键在于要明确自己希望在哪些事情上投入更多的精力。

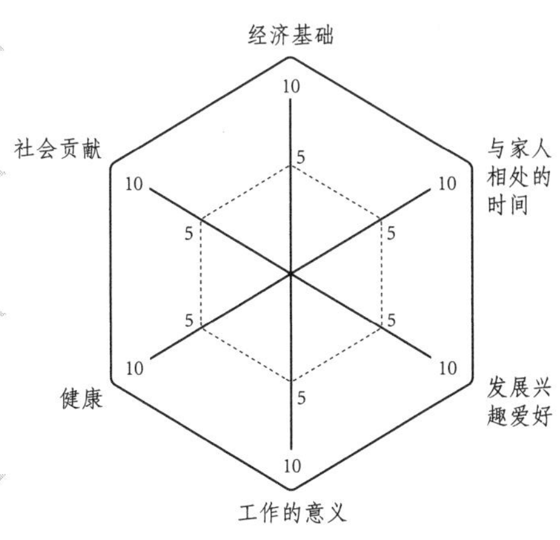

特别需要注意“总分为 30 分”这一原则。越是认真努力、拼命三郎型的人，越容易想着将六大支柱开足马力推进，结果导致最终得分变成 60 分。

然而，对所有事情都全力以赴，毫无疑问，必然会超出自己的能力范围。

为了实现拥有 Me Time 的目标，首先要认清一个基本事实——自己的能力是有限的，自己并非无所不能的超人。请务必严格遵守六大支柱得分总和为 30 分这一原则。

》雷达图上，故意凸显“不平衡”也是技巧《

还有一个实用技巧，就是无须强迫自己去实现六大支柱之间的平衡。

【绘制示例】

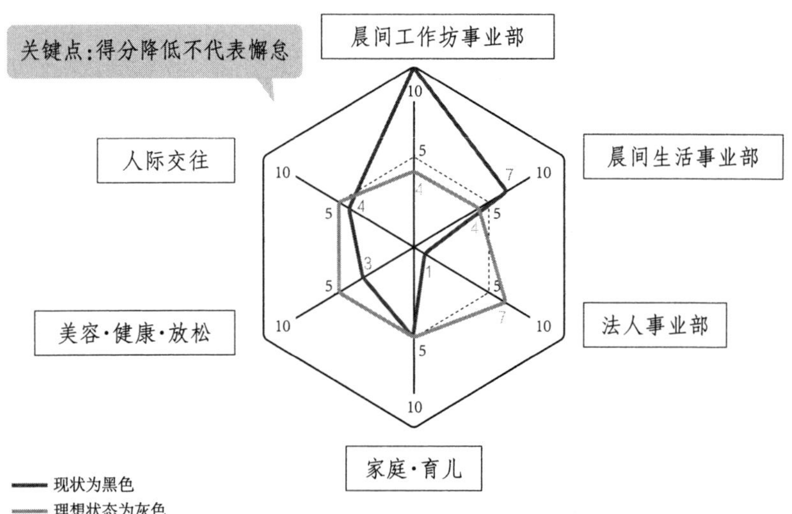

举例来讲，如果把“与家人共度的时间”这个支柱的分数设定 为 1 分，你或许会觉得自己有些不近人情，甚至还会觉得不重视与家人相处的自己很糟糕。但我必须告诉你，这样的想法是完全错误的，没必要产生这样的想法。因为这是你精心挑选出来的六大支柱之一。能够把这件事情选进六大支柱当中，本身就充分表明了你对家庭的重视程度。

对于这些重要的支柱而言，投入精力的时机以及加快节奏的节点都因个人情况的不同而有所差异。用黑色标注现状，用灰色标注未来的理想状态，这样一来，你就能非常直观地看出自己在不同阶段对各个支柱的节奏把握情况，也能更加清楚地了解自己内心的真实想法。

实际上，完全没必要为各要素之间的不平衡而感到纠结。

甚至可以说，恰恰是因为各要素存在不平衡的状况，我们才能更加明确地知晓自己应该在哪些方面持续投入精力。如果各要素都处于非常平衡的状态，反倒会让人难以确定究竟该把精力分配到哪些事情上。

假设总分为 30 分，如果给所有要素都赋予 5 分，这与总分设定为 60 分且每个要素得 10 分的情况并无本质区别。工作起来拼命的人往往追求平衡，可能会给每个要素都打 5 分，然而如果所有事情都齐头并进地开展，并且内心又无法接受每个要素仅处于 5 分的状态，最终还是会以 10 分的标准去努力完成每件事，结果就是把自己累得精疲力竭，最后所有事情都只能半途而废。

为了能让自己自信地说出“以前我全力以赴地做了这件事，所以接下来我要转战到另一件事情上了”这句话，不妨试着刻意打破每个要素之间“所谓的平衡”。

》》六大支柱如何落实到“应做之事”上？《《

当我们清楚了六大支柱要有重点地分批推进之后，接下来就需要具体思考我们的目标是什么，以及何时开始付诸行动。

在此，我建议大家制作一个表格（后文会提到），借助这个表格能够拟定大致的目标。我将这个表格命名为**“理想状态与现状对照表”**。

在表格的左侧有六个方框，它们分别对应着六大支柱。为了在后续填入计划内容时能够更加清晰明了，可以用六种不同的颜色来进行标记，将其在表格中呈现出来会更有利于后期的使用（后面会详细讲解确保 Me Time 计划的制订方法）。

六大支柱的排列顺序以及所使用的颜色并没有特殊的规定和要求。你可以选用自己喜欢的颜色，按照自己喜好的顺序进行排列。在写下六大支柱之后，接下来就依次填写“理想状态”“现状”以及“如何缩小差距”这几项内容。

设想一下一年之后的自己，思考你期望达到怎样的状态，然后将其填写在“理想状态”这一栏中。这里的关键要点和第三章中“制订理想的晚间计划”的步骤是相同的，**要按照“理想→现状”的顺序来填写**，而不是“现状→理想”的顺序。想象一下**“要是能变成这样就太棒了”，充分激发自己的热情，认真填写。**

当填写完“理想状态”和“现状”之后，你就会发现两者之间存在的差距。至于如何才能缩小这个差距，你可以把自己想到的方法都写下来，无须追求尽善尽美。

理想状态与现状对照表

	理想状态	现状	如何缩小差距
晨间工作坊事业部	会员 ×××人 轻松计划 ×××人	会员 ××人 轻松计划 ××人 +×××人 月××人 +×××人 月××人	获得×××奖 通过广告提高知名度 培训避免会员退会的方法技巧 发掘有潜力的人 实现会员增长的机制化 每月开展文化讲座、研讨会
晨间生活事业部	每个月手账都处于畅销状态 《早上手账》售罄 开发广泛、简单的晨间生活服务 在艺人中推广手账的使用 成为讲师	只能卖到12月 只有《早上手账》 目前还没有艺人使用	培养手账认证讲师 构建大使制度 每周一更YouTube 邮件、ins固定更新
法人事业部	×××出版 研修活动重启 演讲重启 通过公司合约开启晨间活动	每月1次增加到每月3次	制作晨间日程笔记用于研修→打包成压缩包 承接活动策划订单 向M先生提案 Bk先生的活动
家庭·育儿	总是保持微笑 和睦相处 ×××合气道 尽情享受周末 两个月旅游一次	现在的状态就很棒了	×××合气道报名查询 制定家训，共享目标 将旅行纳入日程
美容·健康·放松	一个月做一次美容或者按摩 全家一起重启马拉松 定期进行肿瘤筛查	没有去	纳入日程规划
人际交往	定期与其他公司的老板交流	因为疫情暂停	先从线上会议开始

对于那些能够设定数据目标的项目，建议设定明确的数字指标。

我将这种“运用数字”且“注重具体细节”的思考方式，取其关键要素（“す”是日语“数字”的首音，“ぐ”则是日语“具体化”的首音），命名为**“立刻法则”**。

当你产生“哇！要是能做成这件事该有多开心啊”这样的想法时，不妨先尽情地想象一下顺利做成这件事之后的心情，然后让自己冷静下来，通过运用数字，制订出具体且切实可行的行动计划。

在运用“立刻法则”进行思考时，需要重点关注以下 3 点：

- **做什么？**
- **以什么频率做？**
- **什么时候完成？**

如果要进行更深入细致的思考，可以借鉴我在“获胜时间”管理中所介绍的 5W1H 方法，并在此基础上加入 How Much 这一要素，围绕 5W2H 展开全面思考。

5W2H 分别是 When（什么时候）、Who（谁）、Where（在哪儿）、What（什么事）、Why（为什么）、How（怎么做）、How Much

（多少钱）。

计划往往难以完全跟上实际情况的变化，因此即使不够严谨周密，也无须过度担忧。关于如何对计划进行调整与回顾，我将会在第五章中展开详细阐述。

》六大支柱一览表《

当发现理想状态与现实状况之间存在差距，并且大致确定了缩小差距的方式之后，我们可以制作一个一览表。借助这个一览表，能够整体把握六大支柱在何时、哪个节点需要投入更多精力。通过它，我们可以明确哪些事情需要我们花费心思去处理，从而更好地掌控整体节奏。

对于六大支柱所对应的具体内容，可以以“理想状态对照表”为参照来进行标记。

我的《早上手账》包含了“全年计划表”的相关内容。通过记录一年的具体情况，我们能对整体状况有一个全面的把握。

日\月	1 January	2 February	3 March	4 April	5 May	6 June
1	六	二	二	五	日	三
2	日	三 上传视频	三 上传视频	六	一	四
3	一	四	四	日	二	五
4	二	五	五	一	三 上传视频	六 未来学堂
5	三 上传视频	六	六	二	四	日
6	四	日	日	三 上传视频	五	一
7	五	一 晨间工作坊工作	一	四	六	二
8	六 家训	二	二	五	日	三 上传视频
9	日	三 上传视频	三 上传视频	六 空闲两天	一 早上手账	四
10	一	四	四	日	二	五
11	二	五	五	一	三 上传视频	六 未来学堂
12	三 上传视频	六	六	二	四	日
13	四	日	日	三 上传视频	五	一 旅行
14	五	一	一 旅行	四	六	二
15	六	二 嘉宾研讨会	二	五 接待嘉宾	日	三 接待嘉宾
16	日	三 上传视频	三 上传视频	六	一	四
17	一	四	四	日	二	五
18	二	五	五	一	三 上传视频	六 未来学堂
19	三 上传视频	六	六	二	四	日
20	四	日 每月例会	日	三 上传视频	五	一
21	五	一	一	四	六	二
22	六	二	二	五	日	三
23	日 旅行	三 做手账	三 上传视频	六	一	四
24	一	四	四	日	二	五 美容
25	二	五 美容	五 美容	一	三 做手账	六 未来学堂
26	三 做手账	六	六	二	四	日
27	四	日	日	三 做手账	五 美容	一
28	五 美容	一	一	四	六	二
29	六		二	五 美容	日	三 美容
30	日		三 做手账	六	一	四
31	一		四		二	

7 July	8 August	9 September	10 October	11 November	12 December	月 日
五	一	四	六	二	四	1
六	二	五	日	三 上传视频	五	2
日	三 上传视频	六	一	四	六	3
一	四	日	二	五	日	4
二	五	一	三 上传视频	六 未来学堂	一	5
三 上传视频	六	二	四	日	二	6
四	日 晨间工作坊工作	三 上传视频	五	一	三	7
五	一	四	六	二	四	8
六	二	五	日	三 上传视频	五	9
日	三 上传视频	六	一	四	六	10
一	四	日	二	五	日	11
二	五	一	三 上传视频	六 未来学堂	一	12
三 上传视频	六	二 上传视频	四	日	二	13
四	日	三 手账上市	五	一	三 上传视频	14
五	一 接待嘉宾	四	六 接待嘉宾	二	四 接待嘉宾	15
六	二	五	日	三 上传视频	五	16
日	三 上传视频	六	一	四	六	17
一	四	日	二	五	日	18
二	五	一	三 上传视频	六 未来学堂	一	19
三 上传视频	六	二 每月例会	四	日	二	20
四	日	三 上传视频	五	一	三 上传视频	21
五	一 旅行	四	六	二	四	22
六	二	五	日	三 上传视频	五	23
日	三 上传视频	六	一 旅行	四	六	24
一	四	日	二	五 美容	日	25
二	五 美容	一	三 做手账	六	一	26
三 做手账	六	二	四	日	二	27
四	日	三 做手账	五 美容	一	三 做手账	28
五 美容	一	四	六	二	四	29
六	二	五 美容	日	三 做手账	五 美容	30
日	三 做手账		一		六	31

对于没有手账的朋友而言，可以使用电子表格来做同样的事情。通过浏览一整年的大致情况，我们能够设想六大支柱应以怎样的节奏融入全年的计划当中。

制作这个表格的目的是对整体情况有一个大致的了解。大家无须过分执着于表格的精确性和完美性。只要明确了各个支柱的安排，基本上就能够对未来的情况做出预估。

如果能确定具体的执行时间并记录下来固然很好，如果当前无法确定具体日期，也可以像上表所示，先制订大致计划并填入表格。

白天“SEE法”中的“E”（Edit②，整理）——重新认识放弃的“心态”和“做法”

确定了六大支柱之后，接下来半年到一年的时间里，什么时间做什么事情，你心里就会有个谱，行动也有个大致的方向了。

要知道，时间是有限的。把握了时间的整体节奏之后，接下来就需要摒弃那些可有可无的事情。

》停止做不必要的事情的两个诀窍《

不做并不是“放弃”，而是“更加慎重地选择了自己真心想做的事情”，舍弃那些“可能做了比较好吧”这种稀里糊涂去做的事情，

真正顺应内心的想法去做真正想做的事情。这一点在前文中也有提到。不过，没有习惯这种思维方式的时候，人们难免会犹豫不决。在这里，给大家介绍两个在停止做某事时可以运用的技巧。

1. 在决定放弃某些事情之前，先罗列“想做的事情”

在决定停止做某些事情前，不妨先怀着兴奋愉悦的心情，尽情地畅想自己想做的所有事情，并将它们毫无保留地一一记录下来。之后，冷静下来对这些事情进行评估，从中挑选出你认为“非做不可的事情”。

剩余的事情，就是需要停止做的事情。它们并非被轻易放弃的，而是你经过审慎思考，认真选择了真正想做之事后的必然结果。如此一来，停止做某些事也就不会那么令人纠结了。

2. 从“心态”和“做法”出发考量应该放弃的事情

当你列出所有想做之事后，若要有效放弃无关紧要的事情，可以从“心态”和“做法”这两个维度去思考。例如，把所有想做的事情罗列出来后，你或许会意识到，事情进展不顺的根源在于欲望过多。此时，你可能会顿悟“必须摒弃那种想拥有一切的念头”。

那么，为了能够成功放弃一部分想做的事情，从“心态”和“做法”的角度深入思考，具体应该如何做呢？

“心态”的核心

- 不勉强自己孤军奋战。
- 不自负。
- 放弃“老好人”的人设。

“做法”的核心

- 不愿意接受的邀请，果断拒绝，不再委婉拒绝或者借口说下次。
- 觉得自己做不到，寻求他人的帮助。
- 不要寄希望于别人能懂你的“求助信号”，用语言明确地表达出来。

两个关键点已经非常清晰，接下来就是行动了！相信你已经能够做出取舍。

如果这时你还没办法厘清思路，就请出撒手锏——**“绝对不想做的事情”。所谓“绝对不想做的事情”，就是那些让你产生心理不适的事情，这其实是你内心发出的真实呼喊，同时也是一个让你倾听自己内心真实想法的绝佳契机。**

即使有些事情让你产生强烈的“想做”冲动，然而当深入探究想做这件事的缘由时，或许你会意外地发现，实际上这件事并非你发自内心真正想做的。也就是说，你把“不得不做”的事情错当成了“想要做”的事情。我们不妨来看看下面这些例子：

- **想自己做饭，过上健康的生活**

（真实想法）做饭实在是太麻烦了，我打心底里不喜欢。可如果不自己动手做饭，就可能被人认为是一个懒惰的人，无奈之下才不得不去做。

- **百岁时代即将到来，想开启副业**

（真实想法）目前的工作让我很愉快，其实我并不乐意开展副业，因为那会让我变得非常忙碌。网上一些诸如“上班族的时代已经过去”之类的报道，令我焦虑不安，所以觉得自己也得着手准备开展副业了……

从上述例子中不难看出，在内心深处，很多事情我们其实并不想做，但由于受到他人评价的左右，或者被周围环境所影响，就陷入了以为自己想做的误区之中。

然而，“我不想做”这种想法是完全主观的，是发自内心的真实感受，不会受到他人评价的干扰。你可以抛开他人的眼光，自由自在、随心所欲地将这些想法写下来。

通过“没有必要”与“不想做”这两个表达也能够看出来，后者的感情色彩更加浓厚。

“我才不想做饭呢！”

“我才不想挤地铁呢！”

“我才不要勉强自己去迎合别人呢！”

像这样毫无顾忌、自由自在地写下你不想做的事情就好，反正这些内容无须给任何人看。

当然，并不是说一旦列出了“绝对不想做的事情”，就可以立刻不去做。毕竟，由于客观因素的存在，很多事情我们还是不得不去做。即使如此，把这些事情写下来，也能够让你更深入地了解自己的内心想法，并且可以成为你思考“为了避免做这件事情，我能够采取哪些方法”的一个契机。

当你开始思考“为了避免做这件事情，我能够采取哪些方法”的时候，你的脑海中会涌现出其他选择，比如把这件事交给真正乐意去做的人来完成（或许某些家电或机器也具备同样的功能），这样一来，想法就能较为轻松地转化为实际行动。

也就是说，**在思考“绝对不想做的事情”的过程中，“想做的事情”也会自然而然地浮现出来。经过两者的相互平衡与调和，最终你就能找到自己“应该停止做的事情”。**

如果每天都被不得不做的事情塞得满满当当，那么即使一天拥有再多的时间，也依旧会觉得不够用。

然而，如果在同样的 24 小时里，你做了些真正想做的事情，即使花费的时间并不多，获得的满足感也远胜于被不得不做的事情填满的一天。

直面自己的内心，在每天的 Me Time 中，去做真正想做的事情吧！

》可以拒绝吗？教你如何破解临时加班安排《

即使你无比坚定地认定某件事情是“应当放弃的”，可有时确实也存在着无论如何都不能对其置之不理的情况。尤其在白天，外部影响因素众多，常因临时任务不得不加班，为此苦恼的人不在少数。

如果因为自己对工作量估计不足而导致加班，或者因为事情紧急而不得不加班，倒还勉强说得过去。然而，因为临时插入的工作而加班，这样真的合理吗？当你接到这类任务时，心里难免会犯嘀咕。但很多人既没办法直接表明态度，也没想过要去沟通协调，最终还是硬着头皮接受了，甚至还放了朋友鸽子。一边抱怨着“为什么非得做这个事情呢”“那个人太烦了”，一边继续埋头工作，想必不少人都有过类似的经历。

“越是那些没做出什么工作成绩的人，越爱把工作与生活的平衡挂在嘴边，只知道一门心思争取自己的权益。”

“嘴上说想要为公司做贡献，可不仅不愿意加班，还总是强调私人时间；在技能提升方面，也只依赖于公司安排的培训。别人都在加班，他们却一点都不自觉……偏偏这种人能力又低，真麻烦。”

“全是那些态度不积极、工作业绩表现不亮眼的人主张零加班。”

那些曾经不分昼夜拼命努力工作才晋升到领导岗位的人，往往更容易产生上述想法。他们可能不会公然表达出来，但内心或许会对员工有这样的评判。

在职场中，我们常常会面临“工作还是生活”的两难抉择。其实，无论倾向于哪一方，都很难判定对错，毕竟每个人所处的立场各不相同。然而，当你身处强调团队协作的公司环境时，难免会听到反对“生活与工作平衡”的声音。那么，怎样才能让事情朝着自己期待的方向发展呢，这就考验你的应对能力和处事智慧了。

“你凭什么不接这个工作？”为了避免被这样反驳，需要两个必备条件。

- **拥有精准的评估、预判能力。**
- **明确地告诉他人，如果承接新的工作，会对现有工作造成什么影响，会产生哪些具体的变化。**

能否果断地说出“不”，并不取决于职位的高低，关键在于你对自身工作的自信程度。如果你对自己在工作评估和预判方面的能力充满信心，你就能够坦诚且直率地表达自己的观点和想法。

比如可以这样说：“如果放下手头的工作，开始做新安排的工作，就会出现这样的状况，对于这样的结果，您是否能够接受呢？”

或者：“如果事情变成这样，后果不堪设想。所以您安排给我的工作，我会尽快完成，不过其他工作明天再处理也可以吧？”

新承接的工作会使原定工作产生怎样的变化？这种变化是积极的还是消极的？如果会产生负面影响，怎样做才能最大限度降低负面影响呢？

运用“工作锁定”方法，能让你清晰掌握自己的工作进度。在此基础上，细化工作的颗粒度，精准预测工作所需的时间。当你能清晰阐述承接额外的工作会造成何种影响时，面对突如其来的工作，就不会感到不知所措和焦虑了。

依据“SEE 法”，将时间可视化后，时间就处于可整理的状态，你自然能对自己的时间安排了如指掌，进而拥有自信并获得话语权。

如果觉得总是被安排临时工作，是因为自己“不懂得拒绝他人”，就会去学习“谈判技巧”以及“自主型沟通（在尊重对方的前提下，准确表达自己主张的方法）”。实际上，提升工作能力与预测能力才是解决问题的根本。而且，提升这些能力，既无须阅读新的书籍，也无须报培训班，现在就可以马上开始实践。这种看似麻烦的方法，实则是真正的捷径。

首先，要有做工作计划的意识，并养成这样的思考习惯：梳理自己平时在各项事情上所花费的大概时间，同时思考如果任务超出自身能力范围，将会产生怎样的负面影响。

在此基础上，当接到临时工作的安排时，尝试向自己提出以下 3 个问题并回答。而这个自问自答的过程，也是预先演练如何向他人表达自己主张的过程。

- **承接这个工作后，是否会给现在的工作带来不便？**
- **如果有，会在哪一部分出现不便，工作进度会延迟多久？**
- **为了避免工作出现延期，自己能够采取的最好的办法是什么？**

刚开始的时候，一时想不出答案也没关系。不要轻易放弃，坚持不断练习，渐渐地就能自然、流畅地与他人沟通了。

白天“SEE法”中的“E”(Enjoy，享受)——彻底享受“公私混同力”

经过“整理”的环节，白天的时间安排基本都能做到可预测。

最后，让我们尽情享受优先挑选出来的时光。

这个环节有一种很有效的心理建设方式，即对所有事情都抱着勇于尝试的心态。

在日常生活中，不必将“此刻是工作时间”和“此刻是玩乐时间”划分得过于清晰明确。那种能像玩乐一样充满兴奋与热情地投入工作的能力，我称之为**“公私混同力”**。

充分运用你所积累的人生经验，不仅能在工作上取得出色的成绩，更能实现工作与生活的相互促进、相得益彰。

》“工作 or 生活”的单选题已经过时《

当你开始关注属于自己的 Me Time 后，会对“不得不做”和“想要做”的区分变得更加敏感。很多人或许会有诸如“现在的工作，根本无法充分发挥我的能力”“这份工作并非我真心想从事的”这类想法。然而，即便有这样的念头，真正能果断说出“这份工作不适合我”，然后毅然辞职的人却寥寥无几。

如果你也处于这种状态，不妨先思考一下：怎么做才能让自己在当下的工作中更开心？

将“工作优先”与“热情洋溢的人生优先”这两个概念完全割裂开来，必须在“工作”和“人生”之间做出抉择，这种观念正逐渐被时代淘汰。

像玩游戏一样享受工作、快乐工作的时代即将来临。我坚信，你的个性特点、个人想法以及人生阅历，在工作中都将具有巨大的价值。如果这样的理想状态在未来得以实现，“如何平衡现在的工作与自己喜欢的工作”这一困扰人们的问题也将不复存在。

不过，当下仍处于过渡阶段，“不得不做”的工作依旧不在少数。

然而，与其感叹目前暂时无法改变的现状，不如寻找让工作变得愉快的方法，你觉得呢？

当你觉得“现在所在的公司一点自由空间也没有”时，思维就会停滞，难以继续深入思考。但如果换个角度想：有些事情，仅凭个人的力量无论如何也无法完成，但作为公司这个组织的一员，就能获得更大的权力和更充足的预算，从而实现目标。如此一来你就会发现，实际上公司这个组织中存在着一些不易察觉的自由。

有时，你自认为“没做出什么拿得出手的成绩”，或者觉得“这些不都是理所当然的事嘛”，可在与他人交流的过程中，对方却会对你的出色表现感到惊讶。

在公司里，某些认知被视为基本常识，你不会因为知晓这些而得到特别的赞扬。但当你进入一个由不同行业、不同年代的人组成的群体时，许多想法都会受到冲击。你可能会意识到自己现在所做的工作竟然如此出色（相应地，也可能会意识到自己此前的想法有多么幼稚），这或许能成为你在现有工作岗位上继续拼搏的动力。

除此之外，你还可以尝试参与区域性亲子活动的运营工作，或者投身公益事业（充分发挥自己的专业特长，为社会贡献一份力量）。如今，不少人都在积极尝试，想弄清楚自己的能力在其他组织中能否同样发挥作用。我有一个朋友，通过参与公益活动与地方自治团体有了接触，并且在自己的本职工作中还提出了与地方自治团体相关的提案。他就是一个从“公私混同力”中获益的真实例子。

》》将工作中培养的能力运用到工作之外的其他领域《《

我组织的“晨间工作坊”会定期举办“一日老师交流会”。起初，许多会员都觉得以老师自称有些不好意思，然而事实上，他们在某些方面的确比其他人了解得更为深入。“一日老师交流会”旨在为他们搭建一个平台——能够分享自己的兴趣爱好与专长，向他人传授实用技巧和方法的平台。交流会每次时长为 40 分钟，采用线上的形式进行，主题丰富多样，既可以是工作中的实用小窍门，也可以是所在行业中的常见知识等。我之所以策划开展“一日老师交流会”活动，就是希望大家能够认识到：**你习以为常、觉得理所当然的事情，在别人眼中或许就是独特的专长和技能。**

· 活用百货商店销售经验，掌握有品位的伴手礼挑选方法。

· 一位连续 14 年笔耕不辍的自由撰稿人，分享其背后付出的努力。

- 身为单亲妈妈，独自抚养 3 个孩子，一次性考取 3 个国家资格证的学习时间规划经验。
- 20 多岁患上抑郁症和早发性癌症后成功康复的经历分享。
- 30 年幼儿音乐教学经验，基于 1000 多对亲子互动实践总结出的育儿理论。

会员们不断挖掘出一些自认为“微不足道的特长”，但实际上这些内容完全达到了可以用来授课的水准。然而，他们却觉得都是些“再平常不过”的事，认为“没什么大不了的，根本不值得为此感到自豪”。不过，通过在交流会上的演讲分享，他们逐渐找回了失去的自信。

另外，“晨间工作坊”有一位会员，在公司里担任采购职务。他透露：在疫情期间，无法进行面对面的沟通，只能通过电话和邮件交流。即使在如此艰难的情况下，他依然持续拿下了不少大订单，可公司并没有给予足够的重视。对此，我给他的建议是：能取得这样的成绩，真的非常厉害。你可以总结一下提升业绩的方法和经验，一定要在公司里展示你所付出的努力。

对于那些觉得自己没有什么长处的人，我强烈建议他们加入一个

与以往所处环境氛围截然不同、以前绝对不会参加的团体。在这样的团体中，通过倾听和采纳他人的观点和建议，他们会增强自我认同感，也会发现，一路走来努力拼搏的自己“真的做得非常出色”！

》“公私混同力”让工作更加有趣《

将自己“喜爱的”“期待的”事情，结合当前的工作和环境去思考，探寻如何建立它们之间的联系，并尝试从多个角度进行分析，如此一来，原本枯燥的工作也会变得饶有趣味。

》荒川千衣女士的巧克力推广活动案例《

我的朋友荒川千衣在出版社工作。自 2016 年 5 月起，出于个人兴趣爱好，她开启了“每天品尝 2 — 3 种未曾吃过的巧克力”的生活，并且坚持每天认真更新博客。现在，她通过博客收到了各种工作邀约，如采访、杂志访谈、活动演讲等。

在开展巧克力推广活动前，她先确认了公司的规章制度。得知在竞争公司从事与当前相同的工作属于违规行为，但公司并不完全禁止员工发展副业。于是，她便与行政部门中容易沟通的同事进行了交流，表明自己有在假期和周末开展巧克力推广活动的想法。因此，她目前所进行的巧克力推广活动，完全是在公司许可的情况下开展的。

自我介绍时，她会聊一聊关于巧克力的事情，还会把多余的巧克力分享给同事。通过这些举动，同事们都知晓了她在做的事情。有些同事甚至会主动告知她一些与巧克力相关的信息，还有人会为她在社交媒体上发布的巧克力相关内容点赞。

这项活动还给她带来了其他益处。她表示，如今全身心投入到工作和巧克力事业中，再也不会因一次失败就闷闷不乐了。以前，她常常会因为梦到工作失误而紧张、焦虑，导致第二天工作状态糟糕，有时甚至觉得自己的职业生涯就此完蛋了。现在，因为有了巧克力事业，下班后她强迫自己将注意力从工作上转移到巧克力上，去关注与工作完全无关的事情，这反倒促使她对工作提出了更高的要求，即“必须把工作做好”。

通过巧克力推广活动，她开始在公司承办的活动中担任讲师，进而学习日程安排、流程管理以及沟通技巧等技能。这些技能在她的本职工作中同样能发挥作用，使她的主业与巧克力推广活动相互促进、相辅相成。

》》池田千惠的“咕咚咕咚日”案例《《

接下来讲讲我的亲身经历。2005 年，纯粹出于一时兴起，我提议把 5 月 9 日定为“咕咚咕咚日”（“咕咚咕咚”的日文“ごくごく”与“5959”谐音）。没想到日本纪念日协会受理了这一申请，后来由“日本国际志愿者协会”主办了相关活动，一家知名的一线啤酒生产公司还提供了赞助，甚至连日本维基百科都将“咕咚咕咚日”收录在“5 月 9 日”条目下，这个原本平凡的日子就这样变成了颇具话题性的特殊纪念日。

最初思考如何推广“咕咚咕咚日”时，我曾想请当时所在咨询公司的顶级顾问帮忙出谋划策。

然而，当时我只是一名基层员工，而且这件事也不属于我的工作范围，所以没办法正大光明地去请求别人帮忙。此外，我觉得让大家在工作时间为我这个看似有些幼稚的想法进行头脑风暴不太现实。不过，因为我们都喜爱喝酒，渐渐地，彼此的接触越来越多。不知不觉间，他就自然而然地为“咕咚咕咚日”的推广给出了不少实用建议。

起初，我只是把这个日子定位为“爱酒之人的节日”，心想大概也只有我的朋友们会支持我的这个想法了。

“赋予‘咕咚咕咚日’社会意义。”

这句话，于当时的我而言，犹如醍醐灌顶，令我深受启发。直至今日，它依然深深地烙印在我的心里。

· 美酒得益于良好的水资源环境，所以将这一天定为“思考水资源环境之日”。

· 为什么我们喜欢喝酒？因为干杯的时候大家都洋溢着微笑。要把这一天变成“通过干杯传递笑脸的世界和平之日”。

· 选择约翰·列侬的“Imagine”作为主题曲。即使在战争当中，也能与敌方的战士互道“今天是举杯畅饮的日子”，共同举杯，开怀畅饮。

确定这些概念之后，“咕咚咕咚日”便逐渐传播开来，受到了更多人的关注。

现在，不仅局限于“咕咚咕咚日”相关的策划，我还开始为企业提供各式各样的企划方案，有的企划甚至已经进入产品开发推进的阶段了。

》》去发掘隐藏的“想要做”《《

不断向外拓展自己的“想要做”固然可行，但如果能切实地接纳当下所处的环境，并用心去发掘，你会发现，拓展“想要做”的方向其实近在咫尺。

在日常工作中找寻乐趣，建立起各种各样的联系。如果每个人都充分展现独特个性，就会创造出新的价值。

如今这个时代，已发展到就连 3 — 5 年后的世界会变成什么样儿，都难以预测的境地。那些追随自己的兴趣，在某一领域深耕 1 —3 年的人，或许会更具社会竞争力。把这些经验与优势投入市场，听取市场的反馈，从而牢牢掌握专属于自己的长处。你所特有的知识与经验，就是你参与竞争的有力“武器”，是他人无法复制的“独家”优势。

要努力探寻自己的个性。无须感到迷茫无措，也不必非要在特定的地方去寻觅，就在你当前所处的环境中，去做自己想做的事情，如此，属于你的 Me Time 才能被无限拓展。

小专栏

关于高效午休的建议

我常常被问到：“要是早起的话，下午会不会犯困呀？”我的回答是：“会的，确实会犯困。”当我们高度集中注意力工作时，可能犯困的情况还不太明显。然而，一旦工作节奏趋于平稳，到了下午两点左右，困意往往就会不请自来。特别是前一天睡眠时间不足 7 小时，而且午饭吃得过多的话，那种困倦感会更加强烈。

如果中午强忍着不休息，势必会严重影响下午的工作效率。所以，倒不如果断抽出 15 分钟来一场高效的午休，以此调整自己的状态。很多人觉得睡午觉好像是在偷懒，但如果将其称为“元气午睡”，传达出“接下来要做的事情能够提升下午的工作效率”这样的理念，就能让自己振作起来，更愿意去进行午休。

你还可以在午睡之前适量饮用一些含有咖啡因的饮料，比如咖啡。由于咖啡因不会立刻被人体吸收，所以等你午睡醒来的时候，咖啡因正好开始发挥作用，帮助你保持清醒和良好的精神状态。

使用手账获取 Me Time 的方法

 纸质手账是实施“SEE 法”的万能工具

在前面的章节里，我详细地介绍了既不委屈自己，又能拥有属于自己的时间的方法。然而，无论你多么珍视自己的时间，要想改变长久以来形成的他人优先的思维习惯，确实还需要一定的时间。所以，接下来我要介绍一种能将前文所述的理念切实落地的方法。

如果想将前面所讲的内容逐一付诸实践，手账尤其是纸质手账是极为合适的选择。因为手账能够清晰地对“SEE 法”的各个环节进行管理，大家可以对照以下说明来加以理解。（由于“SEE 法”对实际操作的内容进行了高度提炼概括，所以表述上可能会略有差异。）

- **Show —— 审视、回顾自己的时间和对方的时间。**
- **Edit —— 由自己决定何时、何地、做什么，并纳入日程规划**

当中。

- **Enjoy —— 期待未来的自己，创造兴奋和愉悦的时光。**

在使用手账的过程中，需要将上述 3 点铭记于心，并逐步养成习惯。

制作手账不仅有助于全面把控目标和行动，还能随时回顾。要知道，**制订计划并非最终目的，只有将计划切实转化为行动，才具有实际意义。**所以，定期审视自己是否按照预期合理地利用了时间，并在行动过程中适当地对计划进行微调，这一点至关重要。

手账能够让时间变得更为具体和直观，通过手账，我们可以找到在工作与生活中抽出 Me Time 的规律，从而更好地把握自己的节奏。有意识地将 Me Time 融入到每日生活中，还能带来以下好处：

- **能够获得自己主导时间的充实感。**
- **时间不知不觉地溜走的感觉会越来越少。**

计划并非让一切按部就班地推进

我常常听到有人说："即使制订了计划，还是没办法完全按照计划执行，索性就不做计划了。"

有这种想法的人，其实是对计划存在误解。计划是关于"我想要如何做""如果能这样就好了，为了实现这一目标，我必须采取哪些行动"的思考。**计划是基于对未来的预测，进而细化成实际行动中的具体方案。**

对未来的预测，当然有可能发生变化。

但这并无大碍！

计划并非一成不变的刚性轨道，而是可以不断调整和完善的。

我们所处的时代，不要说一年后，连半年后的情况都难以准确预测。如果事情的发展并未如预想的那样，我们只需找出其中的原因，思考接下来应当采取的应对方法就可以。

你在电视或者报纸的经济新闻板块中，看到过企业进行计划“上调”或“下调”的报道吧？无论制订的计划多么严谨周密，一旦出现了偏离预期的状况，计划就需要做出相应的调整。所以，即使制订了计划，也不必因为实际情况没有按照计划发展而感到纠结。如果把我之后详细阐述的“回顾”环节纳入整个流程中，那么即使计划发生了改变，也没有什么可担忧的。

如果你能摒弃“计划必须严丝合缝地执行并实现”这种执念，仅仅这一点，就能让你轻松自在许多。

手账“SEE法”中的“S”(Show①，可视化)——最大化发挥纸质手账“整体把握”的优势

我在本章开头和大家说过，想要拥有 Me Time ，纸质手账是非常好的工具。

借助手账，我们能一目了然地看到自己想做的事情以及需要做的事情的时间分配情况。而且，手账上文字以外的信息，也能帮助我们了解自己内心的真实想法。下面就来详细说说其中的缘由。

纸质手账的一大好处是，让我们迅速地浏览整体情况以及计划的完成进度。

诚然，电子手账以及表格化的记录方式也能够呈现出变化和发展趋势。但是，纸质手账还蕴含着诸如笔记是否杂乱、手账页面是否存在空白区域等数据之外的特殊信息。通过这些信息，我们可以判断出自己的忙碌程度以及整体状态，这是极为关键的一点。

》认真对待手账的时间可以与 Me Time 关联《

每个人都会有这样的情况：事情没能按照计划顺利推进；忙碌不堪；有空闲却无所事事。然而，不要仅仅以一天的时间为尺度来评判自己的状态。不妨将那些带有情绪的记录放置在更长的时间跨度中去审视，或许你会发现，这段时间状态欠佳可能是受生理节律的影响，又或者是因为月末工作繁忙而月中相对轻松。通过这种方式，我们可以了解忙碌程度的起伏和身体状况的变化，从而避免过度沮丧。而且，你也能意外发现“原来我还挺厉害的”，所以今后不必再为某一件事情的成功或失败而大喜大悲了。

此外，**纸质手账不像电子手账那般功能繁多，操作起来很简便，因而也不容易让人分心，这无疑是纸质手账的一大显著优势。**

当手机、平板、电脑等电子设备处于联网状态时，难道你不会产生“顺便”做点其他事情的念头吗？举例来说，为了调整具体的安排，你需要查看邮件，可一旦打开电子设备，确认完邮件后就立刻关闭，往往需要很强的意志力。通常情况下，我们看到客户发来的邮件，会格外在意，于是开始撰写回信；或者顺便浏览一下社交软件，查看他人的动态。原本只想花两分钟确认邮件，可不知不觉间，20 分钟过去了……

然而，如果我们使用纸质手账，只要定下一条规则，比如在打开手账的时候把手机放在一旁，就可以抵御各种诱惑了。

此外，制作手账只需要纸和笔，准备工作也非常简单。

》》电子计划表主要是为了“与他人共享”《《

当然，电子计划表也有其独特的优势，即能够与他人实现信息共享。

如果想要确保拥有 Me Time ，我们可以积极使用电子计划表的共享功能。

举例来说，**在工作中共享行程计划表时，为了在推进工作的同时确保属于自己的时间，我们可以将属于自己的时间锁定，并让对方知晓。**至于在这段锁定的时间里具体要做些什么，没必要详细地一一写出，只需传递出“已锁定”的信息，营造出一种私人空间的氛围，让对方觉得这是不太方便打扰的时间。

手账的“可视化”环节，并非仅仅将计划可视化并执行就宣告结束了。实际上，还有一个关键的步骤，就是要定期回顾自己已经完成的事情。

在接下来的内容中，我将针对“可视化”的另一个含义——回顾，展开详细的阐述说明。

手账“SEE法”中的“S”（Show ②，可视化）——制定回顾的计划表

如果想借助手账确保 Me Time，就需要专门抽出时间，回顾手账上记录的对未来的种种设想。

提前把制订计划后的回顾时间安排进日程表中，认真审视制订的计划，即使出现了与预期不符的情况或是情况发生变化，也能够逐步进行调整。这个环节绝对不容忽视。

如果能够做到定期回顾，就可以避免出现以下状况：计划与实际情况已然产生偏差时，仍选择无视，导致每次翻开手账，就会心生厌烦，或者陷入“今天又没完成”“估计明天也做不到”这样的负面情绪里。最终，面对曾经精心制订的计划，只能无奈地说“算了吧，我放弃”。

》相较于计划，回顾的作用在手账中占九成《

许多人都觉得，一旦下定决心“要利用手账来管理时间”，就必须提前制订严谨周密的计划，并且行动要丝毫不差地按照计划推进……然而，实际情况并非如此，精密的计划并非至关重要，最关键的是大致明确行动的方向，然后在执行过程中边做边调整。

因为**计划本质上就是尚不完善的安排，会随着实际情况和时间的推移而不断变化。**

如果制订了过于精密的计划，那么为了确保能够准确无误地执行，你将耗费大量精力，在执行过程中难以静下心来思考诸如“这个计划真的有实施的必要吗？”“没有做是因为我偷懒吗？”“一直没能按照计划进行，是不是不按计划做也无妨呢？”这样的问题。

从制订完计划的那一刻起，制订计划的自己就已然成了“过去的自己”。相较于“过去的自己”，现在的自己积累了更多的知识与经验，各方面都得到了提升。此外，实际情况也在不断变化，如果依旧严格遵循原计划进行，就会陷入“计划至上主义”，导致手段与目的混淆不清，甚至让事情朝着错误的方向发展。

为了避免出现这样的状况，定期对计划进行回顾，并适时做出调整是极为重要的。

许多人觉得回顾并非一件有趣的事情，甚至认为它相当枯燥乏味，因此在回顾时往往会选择敷衍了事。然而，如果你能认真地将看似无趣的回顾纳入你的安排中，这个看似简单的举动，就能让你拥有理想的时间规划。从最终的结果来看，回顾能为你增添许多充满魅力的时光。

»回顾的三大好处«

1. 帮助我们灵活应对意料之外的形势变化

在过去的几年里，受疫情影响，许多原本制订好的计划不得不被迫取消，很多事情无法按照最初的计划向前推进。当类似这种意料之外的情况出现时，如果经常地对计划进行回顾，我们就能及时且灵活地做出相应的调整与应对。

2. 帮助我们尽早察觉计划中的不合理之处

有时，计划上明明一直写着同样的事情，但无论如何努力，都难以长久坚持下去。此时，就需要重新审视这个计划，究竟是计划本身不合理，还是自己内心抵触不想去做，无法持续执行这件事或许存在诸多原因。通过经常回顾，我们能发现一些计划本身有待斟酌的地方。

3. 帮助我们直面现实，即刻做出改变

随着不断地回顾，诸如“没能按计划推进”或者“这样做会达到理想状态，为什么没这么做呢”之类的想法可能会不断涌现，各种情绪也会随之而来，自身的不足之处也会愈发明显。这确实是一件令人痛苦的事，然而如果不能直面自己的弱点，就无法顺利完成未来的计划。为了从当下开始做出改变，我们必须认真地直面现实。

》日记、感想与回顾是两码事《

或许你对回顾的认知，仍停留在类似日记、感想的层面。诚然，开心、有趣、愉快之类的感受很重要。如果手账或笔记本上有空间，一定要尝试写下这些感受来进行回顾。

然而，我在此所提及的回顾，并非等同于感想或日记，而是对当前状况的精准把握与深入分析。

请记录下以下内容：

- 已经成功完成了哪些事情？
- 哪些事情未完成？

- 成功完成的原因是什么？
- 未完成的事情，你真的想做吗？
- 事情尚未完成，你是否愿意继续挑战它？

通过回答上述几个问题，你会逐渐养成定期进行自我审视的习惯，时常问问自己“这件事真的重要吗”“我真的想做这件事吗”“哪些事情该做，哪些又该放弃呢”。

养成了回顾的习惯后，你会发现自己所制订的计划和目标也变得饶有趣味。所以，请你务必尝试一下。先在你的日程表中确定好进行回顾的日期，并在手账上记录下来。

》“小回顾”和“大回顾”的时机和时间《

如果连续两三天都处于“未能完成任务”的状态，计划未能顺利推进，待办事项就会越积越多。一想到这些就心生厌烦，最终还是不自觉地继续拖延。当你察觉到问题并试图挽救时，却发现事情已堆积如山，甚至不得不熬夜处理，最后还是无法完成。事情到了无可挽回的地步，便开始后悔，干脆装作这些计划从未存在过……想必很多人都有过类似的经历吧。

越是在这种情况下，就越应该重视回顾这件事。

回顾可分为两种类型。一种是“小回顾”，每周一次，或者每月一到两次，每次花费 15 — 30 分；另一种是“大回顾”，需要在一些重要的时间节点进行。关于这两种回顾的最佳时机，我会在下面详细说明。如果“小回顾”的频率高一些，那么“大回顾”操作起来也不会特别烦琐，如此一来，实现目标的速度就会大幅提升。

小回顾（所需时间：15 — 30 分钟）

- **每周周一。**
- **每月中旬。**
- **每月月末。**

大回顾（所需时间：1 — 3 小时）

- **一季度一次。**
- **半年一次。**

在时间段的选择上，建议安排在早上，即开始工作之前进行回顾。如果在晚上进行反省和改善分析的话，很容易让人变得情绪化，进而陷入情绪低落的状态。

那就让我们趁着早上头脑清醒之际，在计划中专门预留出畅想未来的时间吧。

如果你觉得仅靠自己难以坚持下去，不妨邀请朋友一起在线上同步进行回顾。

我组织的社群“晨间工作坊”会定期将大家汇聚在一起举办活动。事实证明，定期进行回顾能够有效加快梦想实现的进程，让我们都养成这样良好的回顾习惯吧。

》》每周“小回顾”的推荐方法《《

为了在回顾时能更精准地进行定点观测，建议预先确定好回顾的重点内容。多年来，我每周都会进行回顾，并且在假期结束后的次日早上，会针对以下内容展开定点观测：

- 想联系的人。
- 今后想推进的项目。
- 将来想做的事情。

- 想提出的课题。
- 想看的书 / 资料。
- 其他。

除此之外，设定一个“本周主题”，并围绕该主题展开回顾，也是一种相当不错的回顾方式。

定点观测的关键在于，打破生活与工作之间的界限，尝试写下“本周之后，我期望达到这样的状态”之类的理想状态描述。

如果总想着一定要把工作和生活严格区分开来，或者仅仅将思维局限于本周之内，反而会禁锢自己的想法，导致不知道该写些什么。

尽管定点观测的内容是预先确定好的，但每周回忆时，还是会觉得难以想起具体内容。这时，你可以在笔记本等较大的书写空间上，提前写下以下内容：

- 未来想联系的人。
- 未来想推进的项目。
- 未来想做的事情。
- 未来想提出的课题。

- 未来想看的书 / 资料。
- 其他。

一旦脑海中有了相关想法，随时记录下来。回顾时只要从平时的记录中挑出需要的内容就可以了。

到了第二周，评估上周写下的定点观测的内容，整理出已经完成的和尚未完成的事情，并决定哪些需要继续保留。一旦决定了要继续保留的事项，就将它们作为本周的任务重新记录下来。

填写这份清单的技巧是，将注意力集中在未完成的事情上，但不要因此而感到沮丧。那些反复出现却依旧未能完成的事情，背后必定存在着某些缘由。如果某件事连续两三个月都处于未完成状态，也完全没必要为此感到失落。毕竟即使一直没完成，你依然能正常地生活，这就表明这件事对你的生活和人生并没有产生特别重大的影响。或许你会这样想：让我撤回已经写下的东西，我可不喜欢这种感觉。然而，比起反复看到自己写下多次却始终显示“未完成”的情况，我坚信果断地放弃这件事，反而会让你在精神上获得极大的解脱。

为了能尽情享受属于自己的 Me Time ，**“决定放弃”**某些事情是极为关键的。对那些让你纠结烦恼的事情，要干脆利落地说“再见”。

每周评估一下某件事对自己是否真的必要，这样一来，对于那些长久以来一直做不到、总是忍不住拖延的事情，你的纠结和焦虑情绪也会逐渐消散。

每周、每月都回顾一下自己下定决心“必须要做的事情”，当你的清单里只剩下这些事情时，心情自然会变得舒畅。而且，放弃了一些事情之后，自然也会为 Me Time 腾出更多时间。

关于那些放弃的事情，你的认知也会从“没有做到”转变为“我主动选择不做”。

»借助“已完成清单”激发动力«

每周进行“小回顾”时，我们往往会发现自己计划要做的事情“未做到”。如果你因此而情绪低落的话，建议你把定点观测的内容转换为“已完成清单”，以此来激发自己的动力。

比如，自己原本想推进的某个定点观测内容，一周过去了却毫无进展，这让人感到意志消沉。

这种情况下，在定点观测内容中记录“成功做到的事情”。当切实体会到“我还是挺有能力的”这种感觉后，再重新出发。也就是将观测内容转变为能够“为自己充电，带来积极正面情绪”的事情。你可以参考以下这些例子：

- 想联系的人——联系过的人。
- 今后想推进的项目——推进过的项目。
- 将来想做的事情——为目标达成奠定基础的事情。
- 想提出的课题——曾经提出的课题。
- 想看的书 / 资料——看过的书 / 资料。
- 其他。

当实际进度落后于预期时，为了赶上进度，我们常常会既要完成昨天遗留的事，又要处理今天原本就该做的事，忙得不可开交。想必大家都有过类似的经历。

因为昨天没完成任务，所以今天就想着加倍努力，这种积极的干劲固然重要，然而一旦超出了自己的能力范围，就很容易产生放弃计划的念头。

当你以周为单位对计划进行回顾，发现存在未完成的任务并想要调整计划时，我建议**暂且抛却这些“本应完成的事情”，只专注于今**

天决定要做的事情。

那些想做却没做成的事情一旦累积起来，我们就容易萌生从头再来的想法。一旦你这么想，就可能会试图去弥补一周前的任务，心里想着“这其实是一周前就该做的事，可我现在才做，我可真没用”，进而开始自我否定。如果脑海中全是“必须从头开始重新做，一定要赶上原计划”这样的念头，心情就会变得异常烦闷。其实，我们无须追溯到最初的任务，只需下定决心去做那些“今天要做的事情”就好。这样做反而能激发你的热情，当高效完成了今天的任务后，或许还会有余力去处理之前那些“本应完成的事情”。

如果你因为落后于计划的事项太多而变得踌躇不前、心情烦闷，那一定要试试这个方法。

》每月“小回顾”的推荐方法《

月中和月末进行“小回顾”的方式相同，都是借助定点观测内容来开展。需要完成以下事情：

- **回顾每周定点观测的内容。**

- **回顾过去半个月，写下月末的目标和理想状态。**

那么，就让我来详细说一下这两个方法吧。

1. 回顾每周定点观测的内容

每周的“小回顾”中确认的定点观测内容，例如：

- 本周的主题。
- 想联系的人。
- 今后想推进的项目。
- 将来想做的事情。
- 想提出的课题。
- 想看的书 / 资料。
- 其他。

上述内容中，如果有未完成，但接下来想继续推进的项目，就“策略性地延期”到后半个月。在这个阶段，要果断放弃那些没有进展也无关紧要的内容，重新调整自己的状态，轻松愉快地迎接下半个月的挑战。

每周的回顾

- 本周的主题
- 想联系的人
- 今后想推进的项目
- 将来想做的事情
- 想提出的课题
- 想看的书/资料
- 其他

每月月中的回顾

- 想联系的人
- 今后想推进的项目
- 将来想做的事情
- 想提出的课题
- 想看的书/资料
- 其他

从左侧的项目当中，挑选出需要在后半个月“策略性延期的内容”

回顾前半个月的感受，写下月末的目标和理想状态

每月月末的回顾

- 想联系的人
- 今后想推进的项目
- 将来想做的事情
- 想提出的课题
- 想看的书/资料
- 其他

从左侧的项目当中，挑选出需要在下个月“策略性延期的内容”

回顾后半个月的感受，写下下个月的目标和理想状态

其实，“策略性延期的内容”和“未完成的事情”指的是同一件事。“未完成”这个表述，很容易让人对自己的意志力产生怀疑……进而陷入毫无意义的低落情绪之中。因而，“策略性延期”是为了转变认知而特意采用的一种说法。

虽说通过调整用词，能在瞬间让情绪得到舒缓，但核心内容以及背后的认知逻辑也必须一并改变才行，否则这种语言上的调整只是治标不治本。

关键在于，**“每个月你都得下定决心，究竟是满怀信心地把任务保留下来，还是干脆利落地将它从清单里删除”。**

经过这样的改变，原本因动力不足而深深自责的自己，就能够掌握主动权，自行决定接下来要做的事情。行动本身的性质标签会从负面转变为正面，行为本身也会朝着好的方向发展。

2. 回顾过去半个月，写下月末的目标和理想状态

回顾过去半个月，记录下你的感想、感受以及完成的事情，确定月底的目标，憧憬月底的理想状态，并写下对月底的预言。当然，预言不是虚无缥缈的白日梦，而是通过两周的努力，有可能实现的内容。这样的回顾能让计划的帆船更加平稳地朝着目标驶去。

月末和月初做回顾可能比较常见，但月中做回顾其实有以下几点好处：

- **唤起月初的决心，继续保持高涨的情绪。**
- **到了月末，不再因为“没有做到”而意志消沉。**
- **重新调整节奏，在接下来的半个月赶上进度。**

到月末的时候，和月中类似，要对过去半个月的情况进行回顾，并且带着积极乐观的情绪去展望下个月。

》》每个季度一次的“大回顾”的推荐方法《《

通过经常进行每月的“小回顾”，就能够清楚地了解自己在朝着哪个方向前进。

在此基础上，每个季度一次，问自己以下 3 个问题，就可以进一步调整自己的方向：

- **你认为好的事情 / 今后想继续做的事情。**
- **进展不顺利的事情 / 原因。**
- **今后的计划。**

在笔记本上按照下面的表格格式记录会比较方便，复印该表后使用也十分便捷，可以当作参考。

《早上手账》中回顾页面的填写示例

2022

11 月中与月末的回顾页面

November

本月月中回顾清单	延至下个月的“策略性拖延”清单
（想联系的人）	
C先生　T先生　N先生　让Y先生帮我提交报告	向B先生赠送活动的谢礼
（今后想推进的项目）	
为儿子找到合适的兴趣班	选择兴趣班如少林功夫、空手道、钢琴
开发新客户	A公司洽谈中
（将来想做的事情）	
学习绘画	找到备选绘画班
找一位好老师	
重新开启早餐巡游	想要重新开启早餐巡游
（想提出的课题）	
C公司策划案 →	完成！
年度报告 →	完成！
（想看的书/资料）	
布芮尼·布朗的YouTube影片 →	完成！
（其他）	
关于工作度假的调研	报名S公司的形象大使

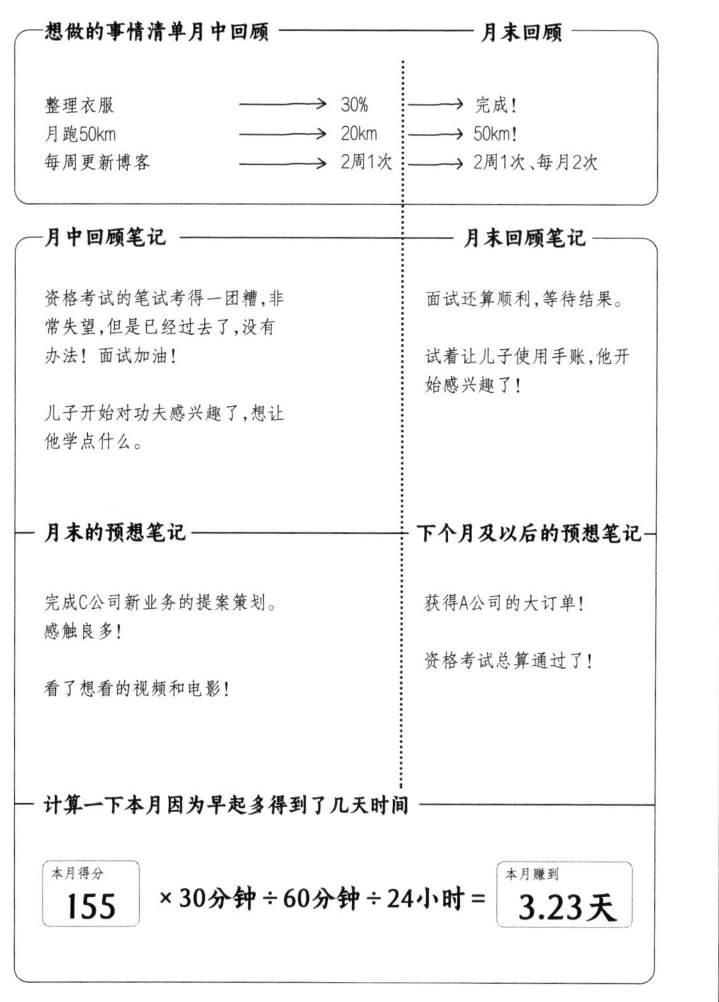
想做的事情清单月中回顾
月末回顾
整理衣服 → 30% → 完成！
月跑50km → 20km → 50km！
每周更新博客 → 2周1次 → 2周1次、每月2次
月中回顾笔记
月末回顾笔记
资格考试的笔试考得一团糟，非常失望，但是已经过去了，没有办法！面试加油！
儿子开始对功夫感兴趣了，想让他学点什么。
面试还算顺利，等待结果。
试着让儿子使用手账，他开始感兴趣了！
月末的预想笔记
下个月及以后的预想笔记
完成C公司新业务的提案策划。感触良多！
看了想看的视频和电影！
获得A公司的大订单！
资格考试总算通过了！
计算一下本月因为早起多得到了几天时间
本月得分
155
×30分钟÷60分钟÷24小时＝
本月赚到
3.23天

将每周的回顾与月中、月末联系起来

2022

11

November

第48周

本周清单
想联系的人
今后想推进的项目
将来想做的事情
想提出的课题
想看的书/资料
其他

本周主题	本周回顾

	Monday	Tuesday	Wednesday
	28	29	30
	To Do 目标 执行	To Do 目标 执行	To Do 目标 执行
	起床时间 目标： 执行：	起床时间 目标： 执行：	起床时间 目标： 执行：
	睡眠时间 目标： 执行：	睡眠时间 目标： 执行：	睡眠时间 目标： 执行：
	健康状态 BAD 1 2 3 4 5 GOOD	健康状态 BAD 1 2 3 4 5 GOOD	健康状态 BAD 1 2 3 4 5 GOOD
	今日定点观测	今日定点观测	今日定点观测
	目标 执行	目标 执行	目标 执行
4:00			
5:00			
6:00			
7:00			
8:00			
9:00			
	最晚下班时间 目标： 执行：	最晚下班时间 目标： 执行：	最晚下班时间 目标： 执行：
	睡觉时间 目标： 执行：	睡觉时间 目标： 执行：	睡觉时间 目标： 执行：
	3行日记 今日获得积分	3行日记 今日获得积分	3行日记 今日获得积分

2022

11 月中与月末的回顾页面

November

本月月中回顾清单

（想联系的人）

（今后想推进的项目）

（将来想做的事情）

（想提出的课题）

（想看的书/资料）

（其他）

延至下个月的“策略性拖延”清单

每周、月中、月末3个时间节点，问问自己“真的是重要的事情吗”“真的想做吗”，并逐渐养成习惯。

四季度的回顾表格

	3月末	6月末	9月末	12月末
做得很好的事情/今后想继续做的事情				
进展不顺利的事情/原因				
今后的计划				

》每半年进行一次“大回顾”，制订宏观计划《

今后想怎么做？到目前为止做到了哪些？每半年回顾一次，我把这个过程称为**宏观计划。**

虽然建议每半年进行一次，但这一频率也仅仅是一个参考标准。如果实际情况发生了变化，就依据当时的情形做出相应的调整，从而做出更贴合实际的日程安排。

大脑变得一团混乱，感觉所有事情都杂乱无章，难以按照既定的安排顺利推进时，可通过以下方式进行梳理，或许能帮你摆脱困境：

· 列举半年以来自己完成的事情，奖励自己。

· 找到未完成的事情，放弃那些做不做都无关紧要的事情。

· 对于绝对想要完成的事情，重新审视目前的做法是否正确，并再次将它纳入计划当中。

接下来，我将进行具体的说明。

1. 列举半年以来自己完成的事情，奖励自己

只剩下半年的时间，可自己只做了这么一点儿事……很多人都会产生这样的想法，进而陷入失落的情绪中。然而，**失落并非完全是件坏事。**你感到失落，是因为你觉得自己原本有能力完成更多的事情，这恰恰体现了你内心的不甘，**同时也是你对自己怀有高期望的有力证明。**

所以，不妨大喊一声“我才不是只有这点儿能力的人”，尽情地发泄一番后，重新振作起来，继续朝着目标前行。

通过回顾，你不仅能看到那些尚未完成的事情，还能收获许多成就感，意识到“其实我也付出了相当多的努力”。

对于已经完成的事情，首先要认真地逐一清点，告诉自己“这半年我真的很努力了”，带着这样的心情，好好地安慰自己，给自己一个大大的拥抱。

这样做的关键在于，通过细数成功完成的事情，让自己的情绪得到舒缓放松，之后以积极向上的心态进入下一个阶段。

2. 找到未完成的事情，放弃那些做不做都无关紧要的事情

对于“什么都想要”的人而言，这个阶段堪称一道极大的难关，需要经历一场“恶战”。之所以这么说，是因为他们往往很难做到“丢弃”或“放弃”某些事情。然而，在人生的旅程中，懂得适时放弃、不过分执着是极为重要的。

如果固执地认定所有事情都同等重要，那么最终的结果很可能是所有事情都无法善始善终，只能停留在一知半解的状态。为了能让自己全身心地投入到重要的事情中，必须要攻克这一难关。

如果想放弃无关紧要的事情，我认为有以下 3 个要点。

- 对自己的能力做到心中有数。
- 转换角度，思考自己能为他人做些什么。
- 多次在计划中出现却始终没有完成的事情，就坚决放弃。

具体需要怎么做呢？接下来我将做详细的说明。

① 对自己的能力做到心中有数

那些总是勉强自己拼命努力的人身上，常常会出现这样一个问题：制定的目标，根本不是半年或者一年内能够完成的。

在制订计划时，他们往往设想自己一年 365 天每天都能保持极高的效率，以极佳的表现完成任务，仿佛不存在身心状态不佳的情况。

然而，大家心里都清楚，这种设想并不合理。毕竟，每个人都难免会遇到身体不舒服、情绪低落的时候，这些情况都可能导致任务进度滞后。所以，在设定目标时，一定要客观地将状态不好的时期考虑进去。

② 转换角度，思考自己能为他人做些什么

虽说 Me Time 是优先自己，但凡事都只想着“我要、我要”，就会完全忽略周围的人。

我们不能总是把内心的关注点仅仅放在自己身上，而应该转换角度，思考自己能为对方做些什么。举个例子，如果做事情只是为了向周围的人展示自己的能力，这就是一种将注意力过度集中在自我身上的表现。

当事情都顺利进行时，你是否时常被他人感谢？让我们站在“现在，我能为眼前的人做些什么”的角度去思考。

在这个过程中，需要牢记以下两个要素。

· 为何而做？
· 为谁而做？

如果你的初衷是为了让眼前的人感到开心，那么即使周围有人提出意见、说出一些带有攻击性的话语，又或是提出不合理的要求，你也不会因此而心情低落、停下前进的脚步，更不会为了自证而白白耗费大量的精力。让我们保持沉着冷静，朝着更宏大的目标奋勇拼搏吧。

③ 多次在计划中出现却始终没有完成的事情，就坚决放弃

如果某些事情长期作为目标列在你的计划中，却始终未能达成，这其实在一定程度上表明，这件事或许对你而言并非必要。实话说，我觉得早起这件事也是这样。如果你一直将早起设定为目标，可无论怎样努力都无法做到，那么果断地放弃它也不失为一种选择。

如果做不成某件事，对你的人生并无重大负面影响，那么大可直接放弃。然而，要是做不到这件事会给你的人生带来极大影响，那就务必找到调整的办法，从改变你的底层认知入手，重新去认识这件你想做的事情。

3. 对于绝对想要完成的事情，重新审视目前的做法是否正确，并再次将它纳入计划当中

在清晰地分辨出哪些事情是应该放弃的之后，那些无论如何自己都渴望做到的事情，以及不得不去做的事情，也会变得更加明确。在这个阶段，我们要做的就是将这些事情切实地落实到日程安排里。

具体来说，我认为可以按照以下步骤去推进：

- 具体、详细地想象半年之后，成功完成计划的自己的状态。

- 量化目标（有数字、具体）。
- 安排包含回顾 / 留白的计划。

首先，请你具体地想象一下，半年之后那个兴奋不已、喊着“成功做到了！简直太棒了”的自己。此刻，无须顾虑当下的实际状况，尽情地放飞你的想象。大胆地去畅想，如果真的达成了目标，会是怎样的状态？内心会洋溢着多么强烈的幸福感？又会觉得这一切是何等的畅快淋漓？

接下来，为了达到憧憬的理想状态，你需要通过具体的数字，将目标进行量化。千万不要以“感觉好像完成了”“感觉好像没完成”这种模糊不清的状态来总结一件事情。一定要确保事后能够对其进行分析，并且可以提出清晰、明确的改善方案，在这种情况下，通过数据量化目标就显得极为关键。

此外，通过数字来呈现目标进度，既具体又直观，你能够清晰地看到自己付出的努力，从而会更加积极地投入到目标的实现过程中。

每周、每月、每季度以及每半年一次的回顾所需的时间，都汇总在下面的图表中了。对于那些心里想着迟早要做，却总是不自觉往后拖延的事情，尽早将其确定下来，写在手账里，正式把它纳入到计划当中。

每周的“小回顾”（15—30分钟）

- 本周的主题
- 想联系的人
- 今后想推进的项目
- 将来想做的事情
- 想提出的课题
- 想看的书/资料
- 其他

每月月中/月末的“小回顾”（15—30分钟）

1. 回顾每周定点观测的内容
2. 回顾前半个月，写下月末的目标和理想状态

每个季度一次的“大回顾”（1—3小时）

1. 你认为好的事情/今后想继续做的事情
2. 进展不顺利的事情/原因
3. 今后的计划

半年一次的“大回顾”（1—3个小时）

1. 列举半年以来自己完成的事情，奖励自己
2. 找到未完成的事情，放弃那些做不做都无关紧要的事情
3. 对于绝对想要完成的事情，重新审视目前的做法是否正确，并再次将它纳入计划当中

手账“SEE 法”中的“E”(Edit，整理)——用“池田流”手账技巧获取 Me Time

使用手账，可以“**依据自己的意愿决定何时、何地、做何事，并将其列入日程安排中**”，这也正是“整理”这一环节所要完成的任务。

然而，如果平日里不习惯使用手账，可能会觉得只要写完计划就行，或者一旦计划没写好，就索性直接放弃。接下来，为了帮助大家拥有属于自己的 Me Time，我将介绍一些使用手账的实用技巧。

》将手账中的计划分成“目标”和“过程”，就会一目了然《

对于不习惯使用手账的人而言，普遍存在的困扰就是搞不清楚月度计划页和周计划页之间的差异。

由于手账的类型各不相同，有些手账既设有整月计划的月度计划页，也有整周计划的周度计划页。如果在这两页上记录相同的内容，就很容易出现遗漏或重复的情况，着实令人头疼。

而且，有时会出现月度计划里写了某些计划，周计划中却没写；又或者月度计划中没写的内容，周计划里却有记录的情况，如此一来，连自己都搞不清楚究竟哪一个才是真正的计划了。

在此，我建议**“将目标和过程分开来写”**。

- **月度计划中，写和他人的约定 = 最终目标。**
- **周计划中，写和自己的约定 = 实现目标的过程。**

因此，“与自己的约定”涵盖了“为实现与他人的约定而做的准备”这层含义。比如，如果月度计划中写着“15 点要把资料发送出去”，那么在周计划中就需要记录在这个时间点之前的各项准备工作（搜索相关关键词以收集资料、构思资料的结构等，即自己必须完成的任务）。如此一来，就不会再出现不清楚把什么内容写在了哪里的情况了。

》要做的事情用 4 种颜色来区分《

在手账上写下想做的事情、应该做的事情时，建议用 4 种颜色进行区分。

- **紧急 × 重要：收获的绿色**

与目前的生活和工作紧密相关的事情。

- **不紧急 × 重要：播种的红色**

人们很容易在忙碌中忽视的事情，如果一直置之不理，会对未来产生重大影响。关键是平时必须持之以恒地处理。

- **紧急 × 不重要：疏苗的蓝色**

虽然需要尽快去处理，但实际上属于烦琐的常规工作。

- **不紧急 × 不重要：凋零的黑色**

难以明确意义，机械地持续的事情。

为了拥有属于自己的 Me Time ，对时间进行分类整理至关重要。如果能迅速用这 4 种颜色对手头的事情进行分类，并养成这样的习惯，那么每天就可以问问自己：在我的生活中，什么是真正重要的？

》不要在意涂抹弄乱《

没必要非得把手账写得漂漂亮亮的。在社交网络上，有许多时尚又美观的手账记录方式，很多人或许会跃跃欲试。但说实话，真的没必要刻意去模仿。

美观和实用是两个完全不同的概念。

对于手账，你完全可以使用只有自己能懂的符号，书写时也无须过于工整，可以潦草一些。如果总想着手账要展示给别人看，就容易产生“必须写得漂漂亮亮的”的念头，这样一来，反倒无法静下心来好好制订计划。不妨抱着“反正这手账不会给任何人看”的心态，轻松自在地使用就好。

》空白时间就是最好的 Me Time《

在手账使用和日程管理方面，人们普遍存在一个误解：日程计划填得满满当当，才意味着生活充实；手账写得内容多，就代表用得好。

为了能拥有 Me Time ，手账的使用技巧，是“留白万岁”。完全没必要担心手账上出现空白部分。**空白恰恰能够证明，你珍视那段什么都不做的悠闲时光。**

想要获得 Me Time ，最重要的准则就是把自己置于首位。特意抽出一段时间来放松，什么都不做，对于那些认真严谨的人来说，可能会产生一种负罪感。然而，我相信你也有过这样的经历：在天气晴朗的日子里，心情也随之变得格外舒畅，悠闲地走过平日里总是匆匆经过的地方时，脑海中突然冒出一个绝妙的点子，这可是之前你苦坐在桌前、绞尽脑汁也想不出来的。

不做任何事情的时间，在出现意外情况时，可以作为状态调整的绝佳契机。**在紧迫的压力下，人们往往会惊慌失措，匆忙做出错误的判断。为了避免这种情况的发生，我们可以有意识地让自己从这种压力中解脱出来。**

你务必将这件事深深地铭记于心：空白时间“至关重要”，一定要为自己留出这样的时间。为了实现这一点，你可以提前在手账和日程安排中预留出“空白”时段。提前留出一段什么都不做的时间，让自己从日常生活中抽离出来，如此一来，心态也能变得更加从容淡定。

》》锁定“空白”，明智的策略《《

尽管道理大家都懂，但仍有不少人觉得在计划中留白不太妥当……如果你也有这样的想法，我建议你直接**在计划里添加“空白”这一事项。**你不妨尝试以下方法：

当浏览手账和日程安排时，应该能够大致判断出哪些天可以抽出时间。如果发现某个时间段似乎可行，或者某个时间没有其他安排，就把“空白”时间安排在那里。即使计划不是完全“空白”，只要那天没有太多需要和别人见面或者自己必须完成的事，也可以插入“空白”时间。

一般来说，少的时候一个月大约能安排 4 天的“空白”，多的时候则可以达到 8 天左右。为自己规划好“空白”时间后，用红笔醒目地标注出来并提前锁定。如果连续几天安排“空白”有困难，完全可以穿插着进行；如果难以抽出一整天的时间，那么“锁定这天的下午”或者“锁定这天 17 点之后”这样的安排也是可行的。

如此一来，你便不会在已锁定的“空白”时间里列入过多的计划，整个日程安排也会显得更加游刃有余、从容不迫。

当然，有时可能会突然出现一些非做不可的事情，需要安排到原本已锁定的“空白”时间里。不过，由于你提前锁定了这段时间，实际上计划量已经有所减少。此时，你的心态也会从“计划又被打乱了”转变为“这是我自己主动增加的计划”，相应地，所感受到的压力也会大幅降低。

在这个环节中，关键在于**“达成视觉上的约定”**。用红笔清晰地写下“这一天尽量不安排计划”，通过这种直观的方式，能够有效避免因计划安排得过于紧凑，导致自己疲惫不堪、精疲力尽的状况发生。

手账“SEE法”中的“E”（Enjoy，享受）——将未来想要实现的期待纳入计划中

我经常听到使用手账的人抱怨关于日程管理方面的烦恼：

· 虽然用过手账，但是也没什么可写的计划，一直都是大白板，所以就放弃了。

· 每天都是重复同样的事情，没什么需要特意写下来的事情。

· 客户未来的计划总是很难确定下来，所以自己的计划也定不下来。

· 家人和学校的计划总是临近最后关头才知道，就算是想定计划也无从下手。

之所以会有这样的烦恼，是因为他们把手账单纯当作记录既定计划的工具了。

然而，手账并没有“只能记录已经确定下来的事情”这样的规定。**你完全可以制订令自己满怀期待、情绪高涨的计划，对未来的安排进行预测，并通过付诸行动，使未来朝着好的方向发展，将这些内容记录在手账上也是可行的。**这就是我要告诉你的最后一个方法。

如果日程里都是他人确定的、提前安排好的以及不得不去做的计划，那你就总是处于一种“被动等待”的状态。这类计划写得越多，属于你自己的可自由支配的时间就越少。因此，不妨先拟定好自己的计划，明确“几月几日要做什么”，在计划制订方面掌握主动权。

通常来说，计划越多就会让人越忙碌，越忙碌就越容易产生烦躁情绪。这时，你不妨换个角度思考：**往日程里放入自己的计划越多，属于自己的时间也会越来越多。**这样一想，是不是心里就开始有些期待了呢？

合理有效地使用手账，可以让我们对时间进行规划、锁定，从书面上保证自己拥有 Me Time 。不过，很多事情并非仅凭个人就能决定，特别是当你身处一个团队时，难免会遇到一些身不由己的情况。

然而，**也正是因为存在诸多限制，才会产生各种巧妙的方法。**虽说有不少事情仅凭个人之力难以推动，但肯定也有许多事情是自己能够掌控并做到的。那么，就让我们借助手账来盘点那些自己能够做到的事情。

》》借助未来的计划来保证 Me Time《《

虽然总是盼望着休一个完整的长假，但因为“在确定下来之前不知道会怎样”，所以迟迟无法确定休假计划。结果，等到最后关头，不仅没能如愿休一个完整的长假，还把假期拆得七零八碎……

其实，这样的烦恼可以通过使用手账，提前规划未来的 Me Time 来解决。

摊开手账，左右两页就能呈现出一整年的计划。你可以提前几个月，先以暂定的形式将自己的休假计划锁定在日程当中。

举例来讲，像暑假、寒假，当下或许没办法精准确定具体时间，不过依据往年的经验，大致能够预估出在某一个时间段。或者，我们可以结合工作的繁忙或清闲状况，判断“这个时间段是否可以休息”，把这两方面的因素综合起来，提前将时间锁定。

通过提前锁定时间，我们能够清晰地看到在那之前整体工作的起伏变化，也就是波峰和波谷，从而可以提前对工作节奏进行合理调整。

孩子学校的相关安排也是如此，比如“虽然具体日期还没最终确定，但每年大致都在这个时间段”，我们就可以暂且将时间锁定下来。这样一来，当我们查看一整年的安排时，大概就能知道哪些时段能够抽出时间来，制订计划也会变得更加轻松容易，与此同时，还能逐步培养起重视自身时间安排的意识。

往往越是认真上进的人，越容易受到他人安排的影响。

所以，即使只是暂定的计划也无妨，后期对计划进行调整完全没有问题。请务必养成给自己制订计划的习惯。

把自己期待的事情列入计划中，能成为激励自己不断前进的动力。当我们清楚地看到计划的波峰波谷之后，就不会因为紧凑的安排而感到身心俱疲了。

7 July	8 August	9 September	10 October	11 November	12 December	月/日
五	一	四	六	二	四	1
六	二	五	日	三	五	2
日	三	六	一	四	六	3
一	四	日	二	五	日	4
二	五	一	三	六	一	5
三	六	二	四	日	二	6
四	日	三	五	一	三	7
五	一	四	六	二	四	8
六	二	五	日	三	五	9
日	三	六	一	四	六	10
一	四	日	二	五	日	11
		一	三	六	一	12
		二 暑	四	日	二	13
		三 假	五	一	三	14
		四	六	二	四	15
六	二	五	日	三	五	16
日	三	六	一	四	六	17
一	四	日	二	五	日	18
二	五	一	三	六	一	19
三	六	二	四	日	二	20
四	日	三	五	一	三	21
五	一	四	六	二	四	22
六	二	五	日	三	五	23
日	三	六	一	四	六	24
一	四	日	二	五	日	25
二	五	一	三	六	一	26
三	六	二	四	日	二	27
四	日	三	五	一	三	28
五	一	四	六	二	四	29
六	二	五	日	三	五	30
日	三		一		六	31

几个月之前就锁定假期

上面的方法还可以应用在制订长假计划以外的场景。

比如，你认为 3 个月后将会瘦 10 斤，所以，那天要去买喜欢的品牌小一码的衣服！

怀着这样的期待，减肥也更容易坚持了吧。

在 Me Time 里，尽情追求自己的喜好吧！

看到此处的你，想必已经掌握了在行动前先思考何为“不得不做”，何为“想要做”了吧。

“我担忧未来会很糟糕”，因而将大量时间耗费在未雨绸缪上；“我就想这么做”，忠于自己的内心而活，究竟哪一种才是你心目中理想的人生，相信你心里已有了自己的评判。

当今处于信息爆炸的时代，许多人会从各种各样的角度，针对某件事发表五花八门的意见。一件事情究竟是你发自肺腑的理想追求，还是在他人的影响下才成了你的理想，都变得难以判断。不过，这都没关系！**在往后的日子里，当你感到困惑迷茫时，运用“SEE 法”重新思考一番就好。**

自主决定如何分配自己的时间，着实不是一件容易的事，既忙碌又烦琐，有时你或许会想：干脆直接听从别人的指示算了……但越是在这样的时刻，越应该停下匆忙的脚步，不要轻易放弃内心的那份期待。

对于你所喜爱的事物，无论他人做何评价，请始终坚守这份喜爱，保持最初的那份心意。

自己认定重要的“喜爱之物”，即使与他人的看法不同又有什么关系呢！

偏爱自有其独特的意义，它就是属于你的正义！

尽情地享受你精心挑选出的、属于自己的时光，充分地补充能量。唯有如此，日后在面对讨厌或困难的事情时，你才能从中寻得乐趣，不断调整心态，继续坚定地前行。

本书的主题是时间，更是只为自己而活的生活理念。

结语

如何分配时间，实则等同于决定生命的存在形式。一个人想要度过怎样的人生，从其时间的分配方式中便可见一斑。此次所介绍的“SEE 法”，是一种能够将眼前的现实状况逐步往良好方向调整的有效方法。**改变当下的状态，就如同改变自己的人生轨迹。**

人生没有彩排，每一个瞬间都是现场直播。人生并非是等待某个特定时刻才正式开场的表演，此刻，就在当下，你已然站在属于自己的人生舞台上。

为了在人生这场盛大的演出中绽放出耀眼光芒，你务必明晰究竟什么事情能让你感到最幸福，以及你内心真正渴望与追求的是什么。

这些内容，全都涵盖在“**SEE 法**”中了。

Step 1：Show——时间可视化

Step 2：Edit——整理时间

Step 3：Enjoy——享受时间

属于自己的人生时光，就由自己来精心安排吧，务必摒弃那些随意挥霍、廉价出卖自己时间的行为。

关于如何选取时间，怎样将时间进行合理组合，又该如何配置，依据自己的心意去规划整理即可，你也完全有能力做到。当你开始察觉并践行这种方式时，原本平淡的每一天都会变得无比珍贵。

就如同学会了骑自行车，即便有一段时间不骑，骑车的技巧也不会遗忘。同理，一旦你掌握了“SEE 法”，即使人生阶段有所变化，一段时间内的时间使用可能会有些杂乱无章，但总有一天，你会重新找回那种由自己主宰时间的状态。

跟随自己的内心选择，将时间倾注在那些真正令你喜爱、能让你全身心投入的事情上吧，尽情地去享受这美好的人生。

愿大家都能毫不迟疑、专注笃定地沉浸在自己喜爱的事物中，如此这般，必定能让你的人生愈发丰盈充实。

希望有更多的人能接收到我想传递的这份力量，从而获得直面人生的勇气。

愿你的人生绽放出璀璨耀眼的光芒。

我由衷地期盼这本书能够成为你一生的助力。

早上 6 点股份有限公司董事长　池田千惠

2022 年 10 月

附录

Me Time 的信条

简要地对本书中介绍的心理准备和方法进行了以下总结。

当你的人生阶段发生改变，不知道如何分配时间，感到迷茫时，如果以下内容能为你提供参考，我将备感荣幸。

》享受 Me Time 的基本心态《

· 明确“不得不做”和“想要做”

·“不得不做”和“想要做”，由你做主，充分发挥你的主观能动性

·“不得不做”可以追求高效，“想要做”需要充分感受

·“从所有事情里面选择”，释放大脑“内存”

· 磨蹭和放空并不是浪费时间，而是投资

- Me Time 的效果优劣排序，早上→晚上→白天

》如果你忘了如何分辨“不得不做”和“想要做”《

- 罗列“想做的事情列表”——搞清楚为什么想做
- 纵轴为“不得不做”和“想要做”，横轴表示积极变化量

》“SEE 法”《

Step 1：Show——时间可视化

Step 2：Edit——整理时间

Step 3：Enjoy——享受时间

》早上的“SEE 法”《

Show：列出“100 件喜欢的事情”的清单

Edit：标记心动的“喜爱”

Enjoy：使用晨间日记预测自己的一天

》晚上的“SEE 法”《

Show：写下“晚间生活的现状和理想状态”

Edit：思考现实和理想之间为何存在差距

Enjoy：从“100 件喜欢的事情”中筛选适合晚间的事情 / 睡觉之前列举 5 件好事

》白天的“SEE 法”《

Show：

【初级篇】确保挤出属于自己的时间

【中级篇】细化工作的颗粒度

【高级篇】思考人生中重要的“六大支柱”

Edit：

① 思考现在需要优先做的内容

② 重新认识放弃的“心态”和“做法”

Enjoy：

彻底享受“公私混同力”

》手账的“SEE 法”《

Show：

① 纸质手账的好处——最大限度地实现“整体把握”

② 确定回顾的计划表

Edit：

将计划分成“目标”和“过程”/ 用 4 种颜色区分要做的事情 / 锁定空白

Enjoy：

将未来想要实现的期待纳入计划中

参考文献

恩德 . 毛毛 [M]. 大岛薰，译 . 岩波少年文库 .

柯维 . 高效能人士的七个习惯 [M]. 詹姆斯・斯金纳，川西茂，译 .King Bear 出版社 .

伯克曼 . 四千周 [M]. 高桥璃子，译 . 神吉出版社 .

渡边美树 . 给梦想定个日期！【新版】实现梦想的手账术 [M]. 朝日出版社 .

近藤麻理惠 . 怦然心动的人生整理魔法 [M].Sunmark 出版社 .